JACQUES POULIN : LA CRÉATION D'UN ESPACE AMOUREUX

Collection *Œuvres et auteurs*

Livres-synthèses, les monographies de la collection *Œuvres et auteurs* se démarquent par leur qualité d'écriture et leur érudition sans prétention. Chaque livre présente un écrivain (ou un mouvement littéraire), analyse l'ensemble de son œuvre, la situant dans son époque et en dégageant les aspects essentiels. Une collection pour tous !

PIERRE HÉBERT

JACQUES POULIN :

La création d'un espace amoureux

Les Presses de l'Université d'Ottawa

Données de catalogage avant publication (Canada)

Hébert, Pierre, 1949-

Jacques Poulin : La création d'un espace amoureux

(Œuvres et auteurs)

Comprend des références bibliographiques

ISBN 2-7603-0456-6

1. Poulin, Jacques, 1937- — Critique et interprétation. 2. Amour dans la littérature. I. Titre. II. Collection

PS8531.O2Z681997 C843'.54 C97-901104-3
PQ3919.2.P68Z68 1997

Les Presses de l'Université d'Ottawa remercient le Conseil des Arts du Canada, le ministère du Patrimoine canadien et l'Université d'Ottawa de l'aide qu'ils apportent à leur programme de publication.

Maquette de la couverture : Robert Dolbec
Mise en pages : Colette Désilets
Photo de couverture : Marc-André Grenier

ISBN 2-7603-0456-6 ISSN 0027-9633

542, King Edward, Ottawa (Ont.), Canada, K1N 6N5
press@uottawa.ca http://www.uopress.uottawa.ca

Imprimé et relié au Canada

TABLE DES MATIÈRES

CHAPITRE 4

AVANT-PROPOS

J'ai croisé l'œuvre de Jacques Poulin il y a de cela une vingtaine d'années ; elle n'a cessé, depuis, de m'apporter une joie littéraire portée par une écriture sobre et soignée, et une réflexion authentique sur le rapport entre les êtres, en particulier sur le lien amoureux. C'est animé d'un sentiment de reconnaissance et de respect que j'entreprends ici une *étude* sur cette œuvre, le mot *étude* appelant une lecture personnelle de huit romans qui se sont imposés comme une des voix importantes du concert littéraire québécois depuis un quart de siècle.

Mais dans notre chœur littéraire, cette voix, à mon avis, chante surtout en solo.

À quoi tient ce sentiment d'entrer dans une œuvre qui possède un *nom propre*, se distinguant de la foule anonyme qui habite les rayons d'une bibliothèque ? Sans doute le caractère unique d'un être de papier est-il presque aussi impalpable que celui d'un être humain. Bien sûr, à la lecture d'une œuvre se crée une image particulière constituée de plusieurs traits : une façon de voir la vie, certaines manies, voire certains tics, une voix qui possède son timbre bien à elle. Entreprenant cette étude sur Jacques Poulin, je conviens volontiers que le nom de l'auteur ne suffit pas à dire la singularité de son univers ; trois caractéristiques dessinent sa personnalité.

Tout d'abord, une façon de voir la vie. Les romans de Jacques Poulin sondent un très petit nombre de questions essentielles : quelle influence exerce sur nous notre enfance ? comment vivre avec l'agressivité qui existe en nous-même et chez les autres ? comment équilibrer intérieurement la partie féminine et masculine de notre être ? Enfin, cette interrogation récursive qui recueille toutes les autres : comment aimer ? Chaque roman excave plus profondément les conditions et les limites de l'âme amoureuse, avec toute la simplicité et l'authenticité qu'exige la mise en écriture de cette recherche fondamentale.

Cette œuvre prend également soin de son lecteur par la création d'un univers où sont repris non seulement des thèmes, mais aussi des images, des symboles, des personnages. Qui n'a pas été frappé chez Jacques Poulin par les *récurrences*, ces reprises qui engendrent ce sentiment de familiarité ? Chaque récit place d'abord, comme foyer de convergence, des hommes comme personnage central aux noms souvent similaires : Jimmy, Jack, Jim, qui dans presque tous les cas veulent s'approcher d'une femme qui s'appelle Marie, Mary, Marika. En outre, le personnage principal est toujours un écrivain, sauf dans *Jimmy*, où c'est le père du jeune héros. D'innombrables autres signes obsédants parsèment les divers romans : chats, livres, sacs de couchage, jeu de tennis, tous des éléments apparemment disparates, mais essentiels au tissage de l'œuvre : « D'un livre à l'autre [...], on retrouve le même personnage avec les mêmes caractéristiques[1]. »

Enfin, l'œuvre de Poulin s'est donné, d'un roman à l'autre, une voix qui est la sienne propre. À quoi la reconnaît-on ? Son timbre est chaleureux, doux, ce qu'exprime Noël, dans *Le Cœur de la baleine bleue*, au terme d'un long voyage intérieur : « Il fallait que la route fut [*sic*] celle de la douceur. » (191) Ses intonations modulent la tendresse : « Besoin de tendresse », s'écrie Jimmy devant son monde d'enfance à la dérive (158). Mais, plus que tout, cette voix, dans *Le Vieux Chagrin*, veut porter haut et loin une utopie littéraire :

> ~ je nourrissais l'ambition naïve et démesurée de contribuer, par l'écriture, à l'avènement d'un monde

> nouveau, un monde où il n'y aurait plus aucune violence, aucune guerre entre les pays, aucune querelle entre les gens, aucune concurrence ou compétition dans le travail, un monde où l'agressivité, entendue non comme l'expression d'une hostilité à l'égard d'autrui, mais plutôt comme un goût de vivre, allait être au service de l'amour. (139)

Au service de l'amour ? Voilà qui est à mille lieues du « service national[2] » qui a embrigadé plusieurs écrivains de la Révolution tranquille. L'œuvre de Jacques Poulin est une aventure amoureuse ; dès lors, n'est-ce pas dire que la meilleure porte pour y entrer est de comprendre, pour reprendre le titre d'un poème de Gaston Miron, cette longue « marche à l'amour » ?

Jacques Poulin a écrit huit romans entre 1967 et 1994. La lecture que je propose ici souhaite entendre, et comprendre surtout, cette voix unique, en faisant parler ce qui paraît être son propos essentiel, formé de deux questions indissolubles : comment aimer ? par quel langage s'exprime le lien amoureux ?

Tel est le questionnement qui anime cette étude ; et une question, à la condition d'être pertinente, représente une manière de déverrouiller une œuvre, surtout si celle-ci s'applique aux choses essentielles. Il a fallu longtemps à la littérature québécoise pour aborder, par delà les contraintes morales ou religieuses, le discours amoureux à partir de son centre même ; l'œuvre de Jacques Poulin touche, en ce sens, le cœur de l'« humanité », c'est-à-dire ce qui, avec la mort, scrute l'essentiel de notre existence.

Notes

1. *La Tournée d'automne*, p. 23. Dans ce cas, c'est l'opinion d'un chroniqueur sur les livres de Jack, son ami ; il va sans dire que ce commentaire, bien que de l'ordre de la fiction, caractérise bien l'œuvre de Poulin.
2. L'expression est de Jacques Godbout.

INTRODUCTION

Pour débuter, il *faut* dire quelques mots de nature biographique. Pourquoi ce « il faut » ? Simplement parce que l'étalement de sa personne répugne à Jacques Poulin : l'homme, c'est l'œuvre, toute considération biographique apparaissant superflue, voire non pertinente. Dans une lettre que je lui ai adressée pour lui demander quelques renseignements personnels, Jacques Poulin m'a répondu : « Je n'ai aucune mémoire, surtout pas celle des dates. Et puis, ma pauvre existence me semble à peu près dénuée de tout intérêt[1]. » Le respect minimal de cette humilité impose une biographie succincte mais, surtout, le rappel constant que pour la bio-*graphie* de cet homme, c'est la partie *graphie* — son œuvre — plus que le volet *bio* qui importe.

L'homme est né le 23 septembre 1937 ; l'écrivain, quelque trente ans plus tard. Et il convient ensuite d'être discret sur la vie de Poulin, respectant en cela même deux distances qu'il a lui-même toujours gardées : l'une vis-à-vis de sa vie personnelle et l'autre, de l'institution littéraire. Je pourrais arrêter là, et l'auteur s'en réjouirait…

Quelques repères essentiels suffiront donc. Deuxième d'une famille de sept enfants, Jacques Poulin est le fils de Jeanne d'Arc Grondin et de Roger Poulin. Il entreprend ses études classiques au Séminaire de Saint-Georges, duquel il est « renvoyé pour avoir distribué du vin de messe à ses camarades[2] », de sorte qu'il termine son cours à Nicolet, obtenant son baccalauréat ès arts en 1957. Installé ensuite à Québec, il obtient une licence en orientation professionnelle en 1960, et une licence ès lettres en 1964. C'est à peu près à cette époque que naît l'écrivain : « Vers l'âge de 25-26 ans, je me suis dit que c'était le temps ou jamais de commencer. J'ai alors travaillé pendant deux ans [...][3] » ; paraîtra ainsi, en 1967, son premier roman, *Mon cheval pour un royaume.* Mais l'écrivain ne vit pas, ne vivra jamais de sa plume, déplorant d'ailleurs souvent, en entrevues, la condition d'écrivain ; c'est pourquoi on retrouve Poulin conseiller en orientation au collège Notre-Dame-de-Bellevue, à Québec (1967-1970), traducteur au gouvernement fédéral (1970-1973) et traducteur à la pige, en particulier pour le *Dictionnaire biographique du Canada.* Depuis le début des années 1990, Jacques Poulin habite à Paris.

Son œuvre a été primée à plusieurs occasions. Son quatrième roman, *Faites de beaux rêves* (1974), lui mérite le prix La Presse ; *Les Grandes Marées*, en 1978, le prix du Gouverneur général ; *Volkswagen blues* (1984), le prix Québec-Belgique ; *Le Vieux Chagrin* (1989), le prix Molson de l'Académie canadienne-française et le prix France-Québec Jean-Hamelin, entre autres. Enfin, il obtient l'une des plus hautes reconnaissances, le prix David.

Et qui est Jacques Poulin « écrivain-en-société » ? Comment se situe-t-il dans la littérature québécoise ? « Je n'en ai pas la moindre idée[4]. » Ne cherchons pas dans l'ignorance ou la modestie les raisons d'une réponse aussi déconcertante, tellement il est vrai que, tout en ayant participé au développement de la littérature québécoise depuis la fin de la Révolution tranquille, Jacques Poulin reste un écrivain en marge de l'institution littéraire, tant par son œuvre qui répond d'abord à des questions personnelles plutôt que sociales, que par l'attitude même de l'auteur qui ne prend aucun plaisir à la vie publique, qui semble l'abhorrer même. Quand il se dit « en marge des principaux courants[5] », l'écrivain exprime par là sa manière propre de vivre, qui est de se consacrer tout entier à son écriture et de laisser à d'autres le soin d'en faire la publicité. Il parle sans ambages :

je déteste tout ce qui fait partie de la vie littéraire, excepté l'écriture elle-même. Je déteste les explications de texte, les discussions littéraires, les salons du livre, les émissions de radio et de télé, les séances de signature, les lectures publiques[6].

Jacques Poulin écrit à la fois par nécessité et par plaisir ; la nécessité d'explorer un petit nombre de choses, et le plaisir, certes, d'écrire, mais aussi de peaufiner son texte. Son exigence demande une patience d'artisan afin de donner à lire le texte le plus achevé possible :

l'écriture, pour moi, c'est difficile. Parce que l'histoire vient goutte à goutte. Quand je peux écrire une page dans une journée, je m'estime chanceux : j'ai beaucoup travaillé. [...] Je mets au moins une année de corrections[7].

Chez cet auteur, qui a maintes fois déclaré avoir peu de choses à dire, se dégage une constante : l'exploration des rapports entre l'homme et la femme et du lien amoureux possible ou réel. Cette situation pose toujours un homme et une femme qui cherchent à éclairer la nature de ce lien : Pierre et Nathalie, Jimmy et Mary, Noël et Charlie, Jack et Pitsémine, Teddy Bear et Marie, Jim et Marika, le chauffeur et Marie sont quelques-uns des couples qui vivront un attachement problématique tout au long d'une lente progression vers la *possibilité amoureuse.* Or celle-ci s'épanouira, d'un roman à l'autre, au moyen d'une structure propre, celle de l'espace. Petit à petit, on verra s'édifier un espace où se dit, se vit le rapport amoureux entre l'homme et la femme. Cependant, il ne faut pas voir cet espace comme une sorte de contenant vide, un ensemble de lieux qui se contente de faire évoluer des personnages, mais plutôt comme le langage même du lien entre l'homme et la femme. En d'autres mots, il n'y a pas, dans l'œuvre de Jacques Poulin, de floraison amoureuse qui ne renvoie à une structure de l'espace qui l'épelle.

Je soupçonne que, à ce stade-ci, l'espace comme langage du rapport amoureux n'est pas une idée très éclairante. Si le moment n'est pas venu d'entrer dans les détails, il semble toutefois nécessaire d'aborder les deux questions suivantes : pourquoi mettre ainsi l'accent sur l'espace ? dans l'œuvre de Poulin, quels sont les grands axes du langage spatial ?

L'espace n'est pas, dans l'univers romanesque, un aspect comme les autres : cette catégorie englobe tout l'univers du récit et, par conséquent, peut comprendre l'ensemble des éléments qui structurent une œuvre, éléments qui eux-mêmes ne sont pas nécessairement de nature spatiale. Le sémioticien Iouri Lotman pose le principe suivant : l'espace peut servir d'élément organisateur *fondamental* pour un texte donné et, même, de langage *commun* pour un ensemble d'œuvres ; il peut donc servir à leur description globale. Cet important postulat est affirmé de la façon suivante : « le système des caractéristiques spatiales des textes culturels, lorsqu'il est isolé comme système indépendant, peut servir de métalangage en vue de leur description uniforme[8]. » En plus, le modèle spatial du monde peut devenir dans les textes « un élément organisateur des caractéristiques non spatiales [...][9]. » Pour au moins comprendre cette idée, on peut penser à des mots comme *droite* et *gauche*, par exemple ; indications dans l'espace, ces termes structurent, comme des moules culturels, d'autres perceptions que l'on peut avoir de la réalité, en classes positive et négative. On parlera ainsi d'une « cause droite », et l'on dira aussi « être gauche ». L'extension des données spatiales de base est parfois étonnante ; Iouri Lotman en donne plusieurs exemples et, surtout, il affirme que, dans l'art, l'esthétique et même, puisqu'il s'agit de valeurs, l'éthique d'une œuvre peut s'ordonner à partir d'une compréhension spatiale du monde. Je souhaite simplement que, dans quelque deux cents pages, cette idée soit devenue évidente !

L'application d'un tel principe implique de saisir l'ensemble de l'œuvre de Jacques Poulin par l'entremise d'un modèle spatial du monde artistiquement créé ; c'est aussi dire que d'un roman à l'autre s'érigera cette esthétique de l'espace liée à une éthique, celle du lien amoureux ; c'est déterminer, enfin, un certain nombre d'étapes qui baliseront cette lecture des romans de Jacques Poulin et, plus particulièrement, de leur progressive *création d'un espace amoureux.*

La source

J'ai tenu à traiter séparément le premier roman de Poulin, *Mon cheval pour un royaume* (1967), parce que s'y trouvent pratiquement tous les thèmes et toutes les formes que l'auteur utilisera par la suite. Apparaît ainsi la nature hasardeuse des rapports entre l'homme (Pierre) et la femme (Nathalie), dont l'harmonie dépendra de la capacité du personnage masculin de se défaire de ce qu'il appelle sa « carapace », de l'asservissement à la raison qui rend imperméable au monde de la sensibilité, de l'émotion. Vision apparemment stéréotypée, peut-être, où la raison est mâle et la sensibilité, femelle, mais qui se rattache néanmoins à une quête immémoriale, l'équilibre du yin et du yang, de la passivité et de l'activité, de la femme et de l'homme. Dans toute l'œuvre de Poulin, il incombe à l'homme d'atteindre cet équilibre.

Foyer de significations, *Mon cheval pour un royaume* se concentre par ailleurs sur cet autre élément essentiel, l'espace. La thématique de l'équilibre est en effet traduite par un espace articulé en pôles haut/bas qui marque toutes les autres œuvres ; cette dynamique de l'espace signale, dans l'art de Poulin, l'importance de *voir* un paysage, que chaque roman contribuera par ailleurs à édifier.

De nombreux autres motifs pourraient être puisés dans ce roman réservoir de sens : l'enfance, la mort, etc. Je les aborderai le moment venu, me contentant ici de considérer *Mon cheval pour un royaume* comme le foyer qui irradie dans les sept œuvres postérieures.

Les voies

Mon cheval pour un royaume est une « œuvre énigme » que, à la manière d'une spirale, chaque récit explorera ensuite. Or, j'ai regroupé les trois suivants parce que, chacun à sa manière, ils explorent des pistes dans la montée du discours amoureux.

Jimmy (1969) raconte la destruction du monde de l'enfance et le passage à l'âge adulte. L'enfant de onze ans voit le chalet symbolique de sa jeune existence s'écrouler ; la fin de l'enfance correspond à la première voie à assumer, dût-elle se fermer sur un appel désespéré de tendresse.

Le Cœur de la baleine bleue (1971) porte sur l'acceptation, par Noël, de son cœur de jeune fille. Cette greffe du cœur, plus symbolique que réelle, scrute plus à fond l'acceptation de la part féminine en l'homme, de ce que j'appellerai, donc, la « femme intérieure ».

C'est un aspect nouveau et essentiel que touche ensuite *Faites de beaux rêves* (1974), l'importance du langage, plus précisément du récit dans la recherche du sens. Récits, jeux de rôle et masques indiquent ici que le sens implique une construction, que « le langage est la maison de l'être[10] ».

La sortie de l'enfance, l'accueil de la part féminine en soi-même et le rôle du récit dans l'édification du sens ouvrent dès lors des voies vers la réalisation amoureuse ; sur le plan spatial, le chalet et sa dérive, le paysage imaginé par l'écrivain Noël et les rêves de Théo, Amadou et Limoilou apporteront, dans chacune des trois œuvres, une nouvelle contribution. La prochaine étape identifie cependant les obstacles.

L'entrave

Les deux romans suivants, *Les Grandes Marées* (1978) et *Volkswagen blues* (1984), posent le thème de l'agressivité. Dans *Les*

Grandes Marées, ce sont les autres qui agressent Teddy Bear et Marie ; la vie amoureuse, dont l'équilibre ne dure que l'espace d'un matin, s'effiloche au fur et à mesure que l'île conjugale est envahie par divers personnages, si bien qu'éclate à la fin la précaire harmonie entre l'homme et la femme.

Dans *Volkswagen blues*, l'agressivité n'est plus portée par les autres, mais par soi-même. Jack Waterman explore l'Amérique, certes, et prend conscience de sa dureté, mais ce frère qu'il cherche et dont l'image idyllique s'étiole avec la descente vers le Sud, renvoie Jack à ce double violent en lui-même.

Ces deux romans déblaient en quelque sorte la voie vers la recherche ultime qui éclaire l'œuvre de Poulin : la femme.

La vision

Prescience inouïe, Nathalie avait dit, dans *Mon cheval pour un royaume* : « Je suis celle qu'on retrouve. » Quelque vingt-cinq ans et sept romans plus tard, *Le Vieux Chagrin* (1989) et *La Tournée d'automne* (1993) retrouvent en effet la femme, mais d'une manière plutôt singulière.

Ainsi, *Le Vieux Chagrin* procède tout entier d'une vision ou, serait-il plus juste de dire, d'un effort de la part de Jim pour réussir à voir une mystérieuse Marika. Or, voir Marika, c'est non seulement être amoureux, mais aussi accepter une fois pour toutes de voir en soi-même sa partie féminine et, ainsi, être enfin capable d'écrire une vraie histoire d'amour. Depuis *Mon cheval pour un royaume* s'est produite une acceptation puis une vision de la femme qui rend le discours amoureux possible.

Avec *La Tournée d'automne* s'écrit l'histoire d'amour dont Jim rêvait dans *Le Vieux Chagrin*. Tous les rites de passage ont été accomplis, et le récit amoureux peut s'épanouir. Il sera alors possible de suivre, dans leur symbiose, le déplacement dans l'espace fait par Marie et le Chauffeur et l'accomplissement du sentiment amoureux ; pour la première fois dans l'œuvre de Poulin, le cercle en tant que configuration spatiale gouvernera une œuvre tout entière.

D'un roman à l'autre progresse le discours amoureux, c'est-à-dire l'exploration des conditions et limites du langage qui permet de dire le lien entre l'homme et la femme. Il était nécessaire pour cela que les voies fussent explorées et certains obstacles écartés ; surtout, il s'imposait que le personnage principal, toujours un homme, acceptât enfin la part féminine en lui-même et qu'il ne s'inquiétât plus du « vieux chagrin », de l'échec amoureux qui l'avait jadis marqué en minant sa capacité d'aimer. Il n'y a pas si longtemps, la littérature québécoise ne comptait pas un seul véritable roman d'amour ; ici, l'œuvre d'un auteur est consacrée à cette obscure et parfois dangereuse relation entre deux êtres, qu'il s'agira de comprendre par son esthétisation spatiale comme langage unificateur.

Comment toutefois parler d'un « langage unificateur » sans imaginer un petit sourire, aimablement ironique, de la part de l'auteur lui-même ? Car, lors d'une entrevue, Poulin ne s'est pas fait des plus rassurants quant à une unité et à une progression dans son œuvre :

> ~ Je suppose qu'il y a un lien, une progression entre les livres que j'ai écrits. Mais je suis tout à fait incapable d'apercevoir ce lien, pour la simple raison que j'écris de façon instinctive. J'aimerais bien savoir où je vais, mais je n'en ai pas la moindre idée. La prochaine fois que je rencontrerai un spécialiste en littérature québécoise, je lui poserai la question[11]. ~

Le critique est donc avisé ! Mais il peut se rabattre sur deux consolations. D'une part, « le numéro de la revue *Nord* [d'où provient cette citation], c'était prématuré », conviendra Jacques Poulin six ans plus tard[12] ; d'autre part, sans prétendre que Poulin ait assigné une direction à son œuvre, le critique souhaite, au seuil de cette lecture faite vingt-cinq ans après le numéro de cette revue, que la piste qu'il propose, en l'occurrence la création d'un espace amoureux, se soit justement affermie avec le temps, le temps d'une œuvre et d'une vie.

Cherchera-t-on une méthode qui gouverne cette étude ? On en trouvera plusieurs. Esclave des œuvres, j'ai convié au besoin thématique, narratologie, mythologie et archétypes anthropologiques, sémiotique ; j'ai cherché avant tout à élucider la question que pose chaque roman et, bien sûr, la manière, la forme, les faits de structure qui la fondent. Par contre, si les lectures profitent d'approches diverses, l'hypothèse centrale, l'édification d'un espace amoureux, exige une attitude unique face à l'ensemble des textes. Comme lecteur, j'ai été attentif aux nœuds, aux raccords qui s'établissent non seulement dans chaque texte, mais dans l'ensemble des huit romans.

Résolument subjective, cette étude procède ainsi d'un parti pris stratégique et assumé. Mon but n'est pas de présenter l'œuvre de Poulin à des spécialistes, ce qui exigerait d'en faire apparaître les principales facettes, mais d'introduire une lectrice ou un lecteur à cet ensemble de romans ; il s'ensuit une restriction de perspective ou, pour dire les choses autrement et de façon plus positive, un choix de portes d'entrée dans cet univers littéraire. Néanmoins, tout en préservant la valeur centripète de mon hypothèse de lecture, je me suis efforcé d'inviter d'un roman à l'autre des formes et des thèmes variés pour en témoigner. J'espère créer une tension bénéfique entre une vision cohérente de l'œuvre de Jacques Poulin et l'unicité de chaque texte.

Je laisse ainsi les prochains chapitres s'évader de l'antre solitaire du chercheur avec crainte et tremblement. Non pas que je me méfie du critique spécialiste qui scrutera cette petite étude ; il n'y trouvera probablement pas son compte. Je me soucie davantage du dilettante ou du lecteur obligé (comprendre : étudiant) qui, déjà peut-être, a le goût de découvrir l'œuvre de Poulin ou... de lui signifier immédiatement son congé après avoir lu cette introduction ! Déjà, en 1969, Réginald Martel écrivait que Jacques Poulin représentait « un des écrivains les plus importants de sa génération[13]. » Cette appréciation est encore plus vraie aujourd'hui ; je ne souhaite donc pas l'affermir, l'œuvre n'ayant pas besoin de moi pour cela, mais jeter un pont entre une œuvre littéraire et des lecteurs potentiels.

Je cite de nouveau Réginald Martel, quelques années plus tard : « Le pouvoir de séduction des romans de Jacques Poulin est peut-être l'aspect le plus difficile à expliquer. La littérature québécoise actuelle n'offre aucun point de comparaison[14]. » Or, je pourrais feindre d'avoir résisté à cette séduction ; non seulement cela serait faux, mais, de surcroît, j'accepte un engagement personnel, voire affectif dans cette œuvre. Voilà pourquoi, enfin, « crainte et tremblement » surgissent surtout au moment d'aborder une œuvre littéraire mue tout entière et uniquement par l'authenticité. Les romans de Jacques Poulin sont engagés, non pas en ce qu'ils participent d'un combat, d'une idéologie, mais parce que son auteur s'y étale sans fard : « [...] on ne sait plus très bien qui parle, l'auteur ou ses avatars dans la fiction[15]. »

Puisse-t-on déceler, ça et là dans les chapitres qui suivent, quelques-unes de ces étincelles que l'analyse critique, plutôt que de les éteindre, aura aidé à propager :

> Il faut que la lecture transforme un peu les gens et les aide à vivre. Les livres peuvent servir à tout, y compris cela. Un tout petit peu. Si on met le meilleur de soi dans les livres, cela finit par transformer un peu les gens qui lisent, par communiquer une petite étincelle qui va faire son chemin et modifier quelque peu les rapports entre les gens[16].

Notes

1. Jacques Poulin à Pierre Hébert, 23 mars 1997.

2. Nicole Beaulieu, « L'écrivain dans l'ombre », *L'Actualité*, 10, 4 (avril 1985), p. 75.

3. Robert Tremblay, « Jacques Poulin devant le dur métier d'écrire », *Le Soleil* (2 novembre 1974), p. D-6.

4. Gilles Dorion et Cécile Dubé, « Entrevue. Jacques Poulin », *Québec français*, 34 (mai 1979), p. 35.

5. Madeleine Bellemare, « Le livre du mois. *Wolkswagen [sic] blues*, roman de Jacques Poulin », *Nos livres*, 15, 5774-5823 (juin-juillet 1984), p. 4.

6. Réginald Martel, « Entretien avec Jacques Poulin », *La Presse* (12 juin 1994), p. B-1.

7. Jean Royer, « Jacques Poulin, romancier artisan », *Le Devoir* (29 avril 1978), p. 33.

8. Iouri Lotman, « On the Metalanguage of a Typological Description of Culture », *Semiotica*, 14, p. 102 (je traduis). Cité dans Karen M. Boklund, « On the Spatial Characteristics of Courtly Romance », dans *Semiotics and Dialectics. Ideology and the Text*, Peter V. Zima (dir.), Amsterdam, John Benjamin B. V., 1981, p. 387.

9. Iouri Lotman, *La Structure du texte artistique*, p. 313.

10. On retrouvera cette phrase de Heidegger dans *Faites de beaux rêves*.

11. Rachel Cloutier *et al.*, « Entrevue avec Jacques Poulin », *Nord*, 2 (hiver 1972), p. 9.

12. Jean Royer, « Jacques Poulin, romancier artisan », *Le Devoir* (29 avril 1978), p. 33.

13. Réginald Martel, « C'est d'enfance qu'il s'agit », *La Presse* (8 mars 1969), p. 23.

14. Réginald Martel, « Du bon usage de la tendresse », *La Presse* (22 juin 1974), p. C-3.

15. Réginald Martel, « Jacques Poulin et *Le Vieux Chagrin* », *La Presse* (18 novembre 1989), p. K-3. Oui, encore Réginald Martel ; mais qu'y puis-je, s'il a été, avec Gilles Marcotte, celui qui a suivi l'œuvre de Jacques Poulin depuis ses débuts ?

16. Jean Royer, « Jacques Poulin. Romancier de la tendresse [entrevue]», *Le Devoir* (25 novembre 1989), p. D-11.

CHAPITRE 1

LA SOURCE

Mon cheval pour un royaume : un échec réussi

> Depuis toujours, sur la terre sèche,
> raclée jusqu'à l'os, de ce pays démesuré,
> quelques hommes cheminaient sans trêve,
> qui ne possédaient rien mais ne servaient personne,
> seigneurs misérables et libres d'un étrange royaume.
>
> Albert Camus, *L'Exil et le royaume.*

Mon cheval pour un royaume, premier roman de Jacques Poulin, lancé le mercredi 7 juin 1967, paraît au cœur d'une période d'effervescence littéraire et politique, la Révolution tranquille. Sur le plan littéraire, il succède à des œuvres marquantes de Marie-Claire Blais (*Une saison dans la vie d'Emmanuel*, 1965), d'Hubert Aquin (*Prochain épisode*, 1965), de Réjean Ducharme (*L'Avalée des avalés*, 1966) ; dans le domaine socio-politique, la montée du Front de libération du Québec (FLQ) et la naissance du Mouvement souveraineté-association, qui deviendra en 1968 le Parti québécois, représentent deux faits marquants de cette décennie.

Mon cheval pour un royaume se situe au carrefour de ces tendances politiques et littéraires. Une trame fondée en grande partie sur l'engagement terroriste caractérise l'action du personnage principal, Pierre Delisle ; malgré cela, une histoire réduite à peu d'événements et des personnages aux contours flous rattachent cette œuvre à la fois au « nouveau roman », assez populaire à l'époque, et au récit poétique. De plus, sa thématique érotique l'inscrit dans un des genres montants au cours des années soixante.

Trouve-t-on là, par conséquent, tous les ingrédients du succès ? Ce cas démontre, encore une fois, que la fortune d'une œuvre ne tient pas d'abord à des choix opportunistes sur le plan de l'intrigue ou du thème, car, autrement, le best-seller se trouverait à la portée de chacun… La réussite exige davantage : une vision du monde, un style, une cohérence de l'œuvre.

Or, ce premier roman est, selon ces critères, une œuvre manquée, du moins si on en croit l'auteur lui-même et la plupart des critiques qui ont commenté cette parution. Le jugement de Jacques Poulin pourrait suffire à enterrer à tout jamais *Mon cheval pour un royaume*, l'« histoire la plus stupide publiée en 1967[1]. » L'auteur en remet :

> Je ne sais pas si c'est un poème ou un roman. Ce que je sais c'est que *Mon cheval pour un royaume* est un livre qui n'a pas beaucoup de valeur. Son principal défaut, c'est d'être trop intellectuel, au mauvais sens du mot. Il est possible qu'on y trouve un peu de poésie, mais la poésie ne suffit pas à transformer une histoire mal foutue en un bon roman. Pour dire toute la vérité, c'est un livre qui m'écœure et j'aimerais beaucoup ne pas être obligé d'en parler[2].

Rien ne semble donc nous encourager à étudier ce roman pourtant essentiel, car il contient comme en puissance les sept autres œuvres, tant sur le plan de leur thématique que de leur forme. Paul Socken a noté ce rôle fondateur : « *Mon cheval pour un royaume*, en tout sauf pour le thème politique, peut être vu comme un prototype des œuvres subséquentes[3]. » Pour illustrer son propos, Socken relève la présence du récit dans le récit, la préoccupation dominante du pouvoir de l'écriture, la présentation du protagoniste comme un moi divisé, la quête d'un monde autre que celui des apparences, etc.

Lisons *Mon cheval pour un royaume* comme un prisme à travers lequel peuvent être comprises les fondations du parcours littéraire de Jacques Poulin, prisme que j'essaierai ici de mettre en lumière. Je n'essaierai donc pas de donner tout à coup une valeur intrinsèque à *Mon cheval pour un royaume*... Le but et, partant, les limites de ce chapitre sont de faire de ce roman un réservoir de sens et de formes, un prétexte, voire un pré-texte à toute l'œuvre poulinienne. Bien sûr, un émondage fera disparaître certains parasites, mais surtout croîtront d'une œuvre à l'autre certains rameaux constitutifs de l'esthétique de Jacques Poulin. Après un court résumé et un regard sur la réception du roman par la critique, je m'attarderai donc sur ces principaux aspects qui, à mon avis, font de ce roman un texte fondateur, en l'occurrence le titre, les personnages, l'espace, la quête et les traces littéraires. Ce qui devrait ressortir dans ce chapitre et surtout au terme de cette étude de toute l'œuvre de Poulin, c'est sa grande unité dans la quête obsessionnelle de quelques valeurs fondamentales, de même que dans le recours à des techniques ou des formes d'écriture privilégiées. « D'un livre à l'autre, nous dit l'auteur, je reprends les mêmes thèmes, les mêmes sentiments, les mêmes idées et j'essaie d'exprimer plus clairement le petit nombre de choses que j'ai à dire[4]. » Découvrons ces quelques vérités essentielles.

Deux intrigues, deux romans ?

L'histoire se passe dans la ville de Québec. Le narrateur, Pierre Delisle, est engagé dans une action terroriste visant à faire sauter le monument d'un « homme de pierre, témoin du sang que les Canadiens ont versé pour l'Empire » (109)[5]. À quelques reprises, il rencontre « le délégué » et, à la toute fin, un « homme ordinaire » lui remet une valise bourrée d'explosifs qui permet au narrateur de perpétrer son crime.

Cette mince trame est cependant dominée par un autre récit, celui des rapports entre Pierre Delisle, son amie Nathalie et un caléchier nommé Simon. Cette autre intrigue met plutôt l'accent sur la quête intérieure que Nathalie et Simon permettent à Pierre d'accomplir. Ce dernier est en effet prisonnier de ce qu'il appelle sa *carapace* : « Dans cette carapace, sentiments, émotions, sensations deviennent automatiquement des idées » (118). Nathalie et Simon tentent de lui apprendre à saisir les choses autrement que par la seule raison.

« L'homme de pierre » qui saute, à la fin du roman, ne doit pas nous induire en erreur : c'est d'abord l'homme de pierre en soi-même qui éclate, c'est-à-dire la part qui n'arrive pas à maîtriser le langage des sentiments. L'explosion finale signale la prééminence du royaume intérieur sur le royaume de la politique :

> Le roman se termine avec la destruction du monument et de ses effets sur Pierre, blessé lors de cette explosion. Le « royaume » dont il est question dans le titre suggère un nouvel ordre politique, mais le dénouement n'appuie pas une telle conclusion. Au contraire, la vraie matière du roman touche la perception personnelle de soi et du monde. Que Poulin ait abandonné tout thème politique explicite dans ses romans subséquents ne surprend pas[6].

Ajoutons que l'histoire est racontée par Pierre Delisle postérieurement à tous ces événements, après qu'il eut été interné dans un hôpital psychiatrique. C'est ce que nous apprennent le prologue et l'épilogue de ce bref récit divisé en seize chapitres ; toutefois, le chapitre 15 est narré au présent par la statue que Pierre Delisle s'apprête à faire exploser.

Est-ce là le résumé d'un roman dont l'unité souffre de ces deux intrigues parallèles ? L'impression est fondée, car le manque de cohérence constitue l'une des faiblesses de *Mon cheval pour un royaume*. Mais laissons plutôt les critiques souligner ce problème, parmi beaucoup d'autres.

Un accueil pour le moins tiède : mon roman pour des promesses

La douzaine de critiques qui ont commenté *Mon cheval pour un royaume*, lors de sa parution, ont tous relevé des défauts importants, principalement en ce qui a trait au manque d'unité des deux intrigues.

Jean Éthier-Blais fait ressortir durement cette insuffisance en incriminant surtout les personnages :

> Ce qui manque à *Mon cheval pour un royaume*, c'est la véracité des mobiles. On ne saura jamais pourquoi Pierre aime Nathalie, ni pourquoi Simon est mêlé à cette histoire ; ni pourquoi le héros devient terroriste, ni même pourquoi il est si bizarre. [...] Que sont donc ces personnages, sinon des pantins que M. Jacques Poulin agite comme bon lui semble[7] ?

Alain Pontaut, parlant « de ce curieux récit, de cette fable séduisante, un peu molle », conclut que « tout cela est plaisant mais gratuit, funambulesque mais sans nécessité, sans cohésion fondamentales[8]. »

Que le roman soit qualifié « d'ébauche »[9], de « canevas »[10], ne veut pas dire qu'il soit dénué de qualités. Plus particulièrement, c'est la nature poétique du récit qui semble avoir été appréciée par les lecteurs. « C'est ce qu'on peut qualifier de nouveau roman avec l'ennui en moins, et le souci de la poésie en plus[11] », déclare André Major, jugement repris par Paule Saint-Onge : « un petit livre poétique et savoureux[12]. »

Les années 60 marquent, au Québec, l'émergence de la littérature érotique : œuvres, procès, éditeurs (entre autres, les Éditions du Bélier) contribuent à cette ascension. La dimension d'un « érotisme allusif[13] » circule dans *Mon cheval pour un royaume*, sauf dans des scènes « d'une rare audace où le délire sensuel est poussé au paroxysme, mais heureusement sans la moindre vulgarité, nimbées qu'elles sont de rêve et de pudeur[14]. » Jacques Desrosiers se laisse d'ailleurs emporter lorsqu'il affirme que, si parfois le narrateur s'empêtre, ce n'est pas le cas « dans cette brillante scène où il pénètre dans le corps de Nathalie : le plus beau chapitre érotique de notre littérature[15]. »

En réalité, l'action politique et l'érotisme explicite risquent ici de nous faire prendre de fausses pistes pour lire les œuvres subséquentes de Poulin, puisque ces deux voies seront aussitôt abandonnées après ce premier roman. Paul Socken a déjà noté ce fait pour l'action politique ; quant à l'érotisme, et particulièrement le type de description où la passion confine à la violence, il disparaîtra également des romans suivants. Dans *Les Grandes Marées, Volkswagen blues, Le Vieux Chagrin, La Tournée d'automne*, l'homme cherchera la femme, parfois il la trouvera ; mais il devra mettre de côté « ce violent besoin [...] de posséder ce corps qui frémit et s'agite » (109). À l'érotisme, les œuvres futures préféreront la montée discrète du discours amoureux.

Que conclure de cet accueil de *Mon cheval pour un royaume* ? À tout le moins, que la critique a vu juste en faisant remarquer, au-delà des forces et des faiblesses de cette entrée en littérature, l'arrivée d'un jeune romancier prometteur,

> une voix nouvelle, et elles sont rares. Un instrument très souple, et dont on n'exclut pas qu'il pourrait bien, à la limite, se moquer de son propre jeu. Une palette, comme on dit, assez chatoyante. Une voix qu'on aimera réentendre et qu'à coup sûr il fallait signaler[16].

« M. Jacques Poulin ne manque pas de talent. C'est un poète [...] qui a une vision particulière du monde : vision triste, mélancolique plutôt, un univers peuplé de silences et d'êtres qui parlent sans attendre de réponses[17]. »

Mais, avant de quitter ce roman plein de promesses pour une œuvre plus accomplie, approfondissons quelques-uns des traits de cette « vision particulière du monde » qui, présents d'abord dans *Mon cheval pour un royaume*, irradieront dans l'œuvre tout entière.

Un titre révélateur

Le titre d'une œuvre est la première main tendue au lecteur, et cette raison suffirait pour y accorder quelque importance. Mais, dans le cas de *Mon cheval pour un royaume*, deux caractéristiques littéraires confèrent au titre une « valeur ajoutée » : l'intertextualité et l'inversion.

La scène se passe dans *Richard III*, de Shakespeare. Ce roi, qui porte tous les crimes de la terre, livre un combat ultime au cours duquel son cheval est tué. Poursuivant à pied une lutte qu'il sait perdue, il s'écrie : « Mon royaume pour un cheval ![18] »

Ce qu'on désigne par *intertextualité* est, dans son expression la plus simple, « la présence effective d'un texte dans un autre[19] », présence qui peut revêtir plusieurs formes : citation, plagiat, allusion. Or, *Mon cheval pour un royaume* s'ouvre sous le signe de l'intertextualité par l'emprunt au cri désespéré du roi Richard III ; et je pense ne pas trop anticiper en disant que l'intertextualité représente l'un des procédés importants de toute l'œuvre poulinienne, puisqu'on retrouvera abondamment de tels liens entre les textes littéraires dans chacun des romans.

Mais on aura remarqué l'inversion qui transforme l'emprunt intertextuel : « Mon royaume pour un cheval » s'est mué en *Mon cheval pour un royaume*. Simple coquetterie ou retournement significatif ?

Pour comprendre le sens possible de cet emprunt inversé, il faut dire quelques mots sur l'un des trois personnages du roman, le caléchier Simon. Cet ancien professeur de philosophie a-t-il troqué son royaume de professeur pour un cheval ? Probablement pas, car la vie intellectuelle qu'il a abandonnée est considérée, tout au long du roman, comme une entrave à la communication entre les humains. En effet, Pierre Delisle, opposé en cela à Simon, est piégé par ce qu'il appelle sa « carapace d'intellectuel » (109), ses « mots d'écrivain » qui ne lui permettent que d'avoir « la connaissance fragile du vent » (30). Simon le caléchier et Pierre l'écrivain représentent deux modes de connaissance différents, voire opposés : « Moi [dit Simon à Pierre], c'est peut-être une question d'âge, j'ai surtout le rêve vertical, comme les arbres, tandis que toi, comme le vent, tu as le rêve horizontal » (90).

Vers le milieu du roman, Simon disparaîtra mystérieusement. Son cheval est retrouvé abandonné sur le pont de l'île d'Orléans, ce qui laisse penser à un suicide. À valeur testamentaire, ce bout de papier déchiré que Simon a fixé avec un couteau de poche sur un arbre :

dépasserai pas le cap
étais fixé : 40 ans demain.
la vie et je suis heureux ;
y a une raison à donner, c'est
lle-là. J'aurais bientôt eu du mal
à l'aimer. Je lâche les cordeaux.
Chacun paie le prix qu'il veut. Moi,
c'est mon cheval pour un royaume (49).

Simon s'est ainsi départi de son cheval pour conquérir un nouveau royaume, épargné du temps qui passe, du vieillissement. En franchissant ainsi un seuil, il s'est dégagé d'un monde d'apparences pour conquérir des terres inexplorées.

Sera-t-on étonné, par conséquent, que son cheval s'appelle Platon ? On doit à ce philosophe de l'Antiquité grecque le fameux « mythe de la caverne », qui éclaire bien l'idée du royaume. Dans *La République*, Platon représente des hommes vivant enchaînés dans une caverne et qui, en raison de leur immobilité, ne perçoivent que les ombres sur le mur. Aussi longtemps qu'ils demeurent prisonniers, ils prennent ces ombres pour la réalité. Cependant, au moment où ils sont libérés, ils comprennent que la réalité était au delà des ombres et peuvent ainsi « voir les objets de la région supérieure[20]. » C'est bien le royaume pour lequel Simon a abandonné son cheval Platon, et ce sera par ailleurs dans une caverne que, plus tard, le Jim écrivain du *Vieux Chagrin* cherchera Marika. Pierre Delisle, qui est bien loin d'avoir fait le même parcours que Simon, s'interroge pourtant lui aussi sur la nature de la vraie réalité : « sans doute est-ce une incapacité de voir la réalité comme elle est, mais il y a derrière chaque miroir un autre monde, le seul vrai peut-être. Et qui peut dire de quel côté du miroir nous sommes ? » (47)

Si j'ai accordé tant d'importance au titre de *Mon cheval pour un royaume*, c'est parce qu'il annonce une quête, celle d'un monde fabuleux, avec ce que ce mot comporte d'ambiguïté par son oscillation entre la fable, comme moyen d'accéder à ce monde, et son aspect extraordinaire, presque irréel. Cette recherche est essentielle non seulement pour *Mon cheval pour un royaume*, mais aussi pour la plupart des autres œuvres de Poulin. Dans la prochaine section de ce chapitre, l'on verra comment se situent les trois principaux personnages vis-à-vis de cette quête. De plus, pour tous les héros pouliniens, la quête du royaume équivaut, à des degrés divers, à chercher la femme, celle qui est hors de soi, mais aussi celle qui est en soi. Nathalie, Mary, Marie, La Grande Sauterelle, Marika sont autant de facettes de ce royaume à conquérir. Or, pour mieux comprendre cette recherche et la conversion qu'elle exige, concentrons notre attention sur les trois principaux protagonistes de *Mon cheval pour un royaume.*

Trois personnages poétiques

La critique a reconnu dans *Mon cheval pour un royaume* des traits du récit poétique. Mais encore, qu'est-ce que cela veut dire ?

La précision n'est pas le fort du récit poétique, qui préfère gommer des renseignements qui donneraient au texte une allure trop réaliste. Le personnage, à cet égard, se définit alors beaucoup plus par des qualités que par des actions ; de plus, il est rarement décrit avec précision. Voilà pourquoi, en l'occurrence, les trois protagonistes de *Mon cheval pour un royaume* demeurent des êtres évanescents, flous. On sait peu de choses de leurs traits physiques et de leur histoire (sauf certains éléments vraiment indispensables pour la compréhension du récit), et les mobiles de leurs actions ne sont pas toujours très clairs.

En ce qui concerne le personnage principal Pierre Delisle, omniprésent et responsable de la narration, nous ne connaissons de son rôle social que sa condition d'écrivain. C'est d'ailleurs là une autre constante dans les récits de Poulin que ce statut d'écrivain attribué à l'un des personnages, le plus souvent le personnage principal. En outre, malgré le volet terroriste de l'intrigue, il affirme n'avoir « pas de préoccupations sociales, ni politiques » (21). En réalité, la connaissance objective que nous avons de lui repose sur bien peu : il est dans la vingtaine et s'apprête à faire sauter un monument.

Par contre, nous en savons davantage sur le plan subjectif. Pierre Delisle voudrait libérer la part affective emprisonnée en lui-même. Cette frustration se traduit, à outrance d'ailleurs, par l'image de la carapace, qui l'empêche d'exprimer ses sentiments : « Avec une carapace, il faut beaucoup de temps pour reconnaître ses propres désirs ; beaucoup de temps et beaucoup de patience » (119). Sous cette carapace propre à l'intellectuel se trouve une « fausse lucidité », « plus fragile que la flamme d'une chandelle » (111). La carapace est d'autant plus lourde à porter que Pierre Delisle veut la faire éclater pour toucher cette part de lui-même qui, rejetant la raison, la froideur, retrouvera alors une communication renouvelée avec les êtres. Mais qui lui indiquera comment faire ? Qui lui fera découvrir ce nouveau langage ? Ce sera la femme.

Cette femme, c'est Nathalie. Pierre dit à son sujet : « Cette main qui tend le feu est la même qui a retardé le durcissement de ma carapace. La main est patiente ; la chandelle finit par accepter que s'installe une toute petite flamme » (30-31). Sans doute est-ce la raison pour laquelle cette jeune femme de vingt-cinq ans possède la « faculté de lire dans la pensée » (39).

Mais comme il serait trop simple de croire qu'il suffit de conquérir la femme ! Car cette femme la plus difficile à connaître pour l'homme, c'est d'abord celle qui existe en lui-même. C'est, en tout cas, l'un des sens premiers du rejet de la carapace de la part du narrateur.

Il existe pourtant, cet homme qui a retrouvé la femme en lui-même ; il s'agit du caléchier Simon. Ce dernier a en effet un jour quitté le monde de la raison, en abandonnant son métier de professeur. Un peu plus âgé que les deux autres — il a quarante ans, rappelons-le —, il vient de la Gaspésie ou de la Côte-Nord. Il a voyagé en France, aux États-Unis, en Amérique du Sud (51). Simon est l'homme qui a conquis la femme en lui, ce que Pierre convoite. On reconnaît, bien sûr, le mythe de l'androgyne, où se confondent, se fondent plutôt, les opposés mâle et femelle :

> Tout concorde, à la fin, et les symboles forment une seule gerbe de signification. Les rues et la pluie, Simon et Nathalie, la violence et l'amour, la ville et la statue : tout ramène Pierre à sa dualité profonde — féminité et virilité — à découvrir et à assumer[21].

Godin fait remarquer d'ailleurs que la difficulté de vivre avec son cœur de femme sera au centre du *Cœur de la baleine bleue*.

L'androgyne

Ces remarques au sujet des personnages permettent une compréhension de *Mon cheval pour un royaume* fondée non pas sur l'intrigue, le contenu du récit, mais sur autre chose : la manière d'être de l'homme et de la femme, d'être homme et femme.

En effet, comme l'écrit Mircea Eliade, « devenir *mâle et femelle*, ou n'être *ni mâle ni femelle* sont des expressions plastiques par lesquelles le langage s'efforce de décrire la *métanoia*, la *conversion*, le renversement total des valeurs[22]. » J'insiste sur deux mots importants de cette citation : le langage et les valeurs. Tout se passe donc comme si ces valeurs s'exprimaient dans un langage. Notre tâche, donc, pour comprendre la cohérence de *Mon cheval pour un royaume*, n'est pas tant de chercher les mobiles des personnages ou l'unité de l'intrigue (dont les critiques ont bien noté les insuffisances), mais plutôt de montrer en vertu de quelle cohérence du langage s'exprime cette quête des valeurs, dans le contexte du mythe de l'androgyne.

Cette cohérence peut être saisie en unifiant des éléments, à première vue disparates, dans ce qu'on appelle un *paradigme*, c'est-à-dire une classe d'unités regroupées par similitude. Par exemple, il est bien évident que, tout en présentant certaines oppositions (mâle / femelle, adulte / non adulte), *cheval*, *poulain*, *jument* et *pouliche* s'inscrivent dans le même paradigme[23].

Toutefois, la littérature pose un problème particulier : elle ne tire pas ses paradigmes du langage commun, elle les établit dans et par son propre langage. N'est-ce pas là d'ailleurs le propre de l'art que de construire, à partir de signes connus, un nouveau code exigeant du lecteur une *interprétation* ? Le récit crée de cette manière sa signification, ou, serait-il plus juste de dire, ses propres possibilités signifiantes.

Ce qui importe donc maintenant, c'est de découvrir les unités structurantes de *Mon cheval pour un royaume*, à partir de la polarisation créée par l'homme, la femme et l'androgynie.

À cette fin, partons d'une phrase du narrateur Pierre Delisle : « Toi, Nathalie, tu connais les choses avec la douceur et la patience de tes mains ; tu connais les choses en profondeur. Moi, je glisse à la surface des choses ; avec mes mots d'écrivain, j'ai la connaissance fragile du vent » (77). Pierre oppose ainsi deux modes de connaissance, liés à la femme et à l'homme, et qui peuvent servir de point de départ pour la construction des paradigmes.

CONNAISSANCE

Nathalie/Femme	**Pierre/Homme**
profondeur	surface ; connaissance fragile du vent
douceur et mains	mots d'écrivain

Par ailleurs, le caléchier Simon adresse à Pierre cette remarque qui s'inscrit dans la même cohérence : « Moi, c'est peut-être une question d'âge, j'ai surtout le rêve vertical, comme les arbres, tandis que toi, comme le vent, tu as le rêve horizontal » (90).

Ainsi :

Simon	**Pierre**
vertical	horizontal
arbre	vent

Toutefois, le personnage de Simon est plus complexe qu'il n'y paraît : il représente aussi la part homme que Pierre cherche, comme Nathalie désigne la part femme. L'équilibre homme-femme est atteint, comme par la pluie dans la prochaine citation, par ces deux êtres qui ensemble représentent l'harmonie rêvée. Ce symbole de la pluie « paraît particulièrement important, d'abord, parce qu'il constitue le lien le plus évident entre le récit d'une part, le prologue et l'épilogue d'autre part[24] » ; et aussi parce que « le symbolisme de la pluie rencontre et recouvre parfaitement celui des rues[25]. » Y a-t-il deux rues, de la Fabrique et Couillard, deux personnages, Simon et Nathalie, et deux pluies ?

~ La pluie du caléchier, quand les gouttes gonflées heurtent mes pierres, éclate sourdement ; c'est une pluie jaune, terreuse et froide, dont chaque goutte en se brisant me prouve mon existence. La pluie de Nathalie m'atteint si doucement qu'il me faut bien avouer ne pas toujours entendre le délicat clapotis qu'elle fait sur ma carapace ; tiède et multiple, elle caresse, dorlote, et finit par endormir dans une odeur de mousses anciennes et de bois humides. Assis devant le grand feu de cheminée dans la vieille maison de pierre, j'écoute battre sur le toit, forte et douce, terreuse et sylvestre, la pluie hermaphrodite (113).

Pierre quête cette union — hermaphrodite — des deux sexes en lui, encore que sa composante mâle lui soit plus familière. Elle lui « prouve son existence », et il ne lui consacre que quatre lignes, alors que, à la composante femelle qu'il n'entend pas toujours, il accorde huit lignes.

On ne s'étonnera pas qu'il faille « trois personnes pour faire un monde » (112), c'est-à-dire le narrateur qui recherche l'intégration en lui de sa part *homme* et de sa part *femme*. Ces propos sont particulièrement éclairants non seulement pour *Mon cheval pour un royaume*, mais aussi pour plusieurs autres romans de Poulin. Et cette quête, dans *Mon cheval pour un royaume* comme pour les récits postérieurs, s'exerce dans des lieux, dans un espace qui sera le foyer structurant des œuvres, et qui s'associe aux paradigmes évoqués plus haut. Quatre séquences fortement spatialisées vont démontrer l'importance de ce nouvel élément.

L'espace de la quête

Le narrateur Pierre Delisle est au centre d'une quête singulière, dont l'objet est somme toute lui-même ou, plus précisément, la part masculine et surtout féminine qui lui manque. Cependant, cette recherche de soi s'inscrit, dans le langage poulinien, dans un cadre, un espace dont les éléments et la structuration ne relèvent pas du hasard ; au contraire, ils désignent un aspect fondamental de la structure signifiante de *Mon cheval pour un royaume* et, même, de plusieurs autres romans de l'auteur. C'est pourquoi, encore une fois, il faut bien saisir cette nouvelle donnée, celle de l'espace, pour parvenir à une compréhension générale de l'œuvre de Jacques Poulin. Quatre séquences de *Mon cheval pour un royaume* sont appelées à témoigner de ce fait.

Dès le premier chapitre, une séquence associe le paradigme que j'ai évoqué plus haut, concernant la femme, et un mouvement de la part du narrateur dans l'espace. En effet, ce dernier marche lentement dans la rue de la Fabrique, seule rue à Québec, dit-il, « qui soit véritablement une femme » (15) ; car l'action terroriste, elle, se passe rue Couillard. Puis s'amorce une forme de mouvement que l'on reverra souvent chez Poulin, la descente : « Regarde, tu descends cette pente, douce, invitante. Tu coules tranquillement parmi les vêtements délicats, les parfums, la porcelaine, la verrerie, les bijoux ; et le cinéma Empire, au beau milieu, où on pénètre pour son plaisir...[26] » (15) La descente est donc un rite, un accomplissement, presque un acte d'union physique avec la femme. Or, comme toute quête, celle-ci peut aboutir à une réussite ou à un échec : « Me voici encore une fois rendu au bas de la pente, comme une pierre, sans avoir goûté de son charme » (16). La pierre, qui est, comme la carapace, une image obsédante dans *Mon cheval pour un royaume*, dit l'échec de la descente, de la quête féminine.

On voit ainsi l'aspect fortement spatialisé de cette recherche, dont les axes sont pour l'instant simples :

Haut	—>	Homme
Descente	—>	Quête
Bas	—>	Femme

Examinons une deuxième séquence qui va permettre de développer ce schéma. Elle nous mène au troisième chapitre.

Cette fois, c'est Simon qui mène le jeu, mais c'est encore Pierre qui est au centre de la quête, accompagnant Simon dans une balade en calèche :

Simon fit claquer sa langue et, virant devant le château, la calèche se mit à descendre la rue. Au bas, le cheval adopta un petit trot commode, tourna de lui-même à gauche… Là, les images s'embrouillent. Mais il y a notre entrée, au bout d'une petite rue enveloppée d'arbres, dans un immense parc sillonné de routes. Les Plaines, disait le caléchier, et sous mes yeux des bacs de brume s'accrochaient aux pentes et des traînées de fleurs à tout moment surgissaient. Simon parlait d'une voix basse et sourde, étrangement monotone, et il mélangeait comme un magicien la brume, les fleurs, la mer, les algues. Je comprenais peu et me sentais confusément au seuil d'un monde mystérieux, inconnu et merveilleux, où mes fourmis pouvaient n'être pas tout à fait déplacées. (26)

La même configuration du haut et du bas donne à cette scène sa cohérence ; notons plus particulièrement, au bas, ce seuil d'un monde mystérieux et, de nouveau, l'échec de la descente (« Je comprenais peu »).

Le troisième épisode est décisif puisqu'il contient, dans une sorte de zone de haute densité, un très grand nombre d'éléments qui fixent une fois pour toutes le sens de la structure spatiale. Rappelons qu'il « faut trois personnes pour faire un monde » : dans cette séquence, Pierre, Simon et Nathalie forment ce monde.

Tous les trois descendent de la calèche, tournent le dos au soleil « qui s'est dissimulé derrière les hauts murs de la prison » (34) et descendent la pente d'un sentier. Simon siffle doucement et, plus les trois personnages avancent, plus « c'est la paix, ou le vide. Absence, presque totale, de bruit. […] Nous marchons dans un couloir d'ombre » (34-35). Puis, Simon s'arrête devant un chêne contre lequel s'appuie une rose, « [c]omme au creux d'une épaule » (35). Il dit : « C'est un arbre qui a un peu de mal à vivre […]. J'ai voulu qu'il berce une rose dans ses bras les jours de grand vent » (35).

Je vais intégrer cette séquence à l'ensemble des autres mais, auparavant, je préfère présenter la quatrième, qui s'y apparente beaucoup.

Cette séquence est cependant plus longue. Elle se passe dans une taverne, La Chapelle, qui est dans un sous-sol, permettant ainsi de « descendre dans le ventre du Vieux-Québec » (67). Pierre note d'ailleurs que c'est la seule taverne aménagée dans un sous-sol... Il se souvient en outre que, jeune, c'était dans la cave qu'il lisait. Ce souvenir n'est pas fortuit puisque, ajoute-t-il, « descendre dans une cave ou un sous-sol, c'est descendre dans sa propre enfance » (68). Or, c'est justement dans ce lieu souterrain, ce lieu de l'enfance, que la carapace de Pierre Delisle « a connu ses meilleures faiblesses » (68). Là se produit habituellement un « désordre liquide », même si cette fois, « c'est raté ». C'est alors que cette taverne souterraine se transforme, aux yeux du narrateur, en un lieu élevé, un bar du Château Frontenac, un lieu où l'« on me défend de connaître ce qui en moi protège ma lucidité. Je sais seulement que cela fait partie de ma carapace » (68). Cependant, plus il boit, plus « les mouvements ralentissent » (71), plus sa fausse lucidité « se retranche dans le haut de [sa] tête », son intelligence devient une « pierre de feu », si bien qu'il conclut par cette phrase éloquente : « J'ai besoin de Nathalie » (71).

Nous pouvons maintenant regrouper tous les éléments de ces quatre séquences dans le schéma suivant :

HAUT

Soleil
Grand vent
Château Frontenac
Discours politique
Lucidité
Carapace

DESCENTE

Rue de la Fabrique (Femme)
Pente douce, invitante
Vêtements délicats, parfums, porcelaine, verrerie, bijoux
Pénétration, pour le plaisir
Sentier

BAS

Charme
Voix basse et sourde
Brume, fleurs, mer, algues
Monde mystérieux, inconnu, merveilleux
Paix, vide, silence, ombre
Chêne et rose
Taverne, sous-sol
Lecture
Enfance
Désordre liquide

Tous les éléments des quatre séquences ont été répartis entre trois thèmes liés : le haut, comme lieu de la raison, de la lucidité, de la carapace ; le sentier, piste de descente ; le bas, espace de paix, lieu de la femme. Bien sûr, ce qui confère une dynamique à cette structure, c'est le narrateur, Pierre, qui tente à chaque occasion de faire ce voyage à la fois à l'extérieur et à l'intérieur de lui-même.

Pour conclure : l'alphabet de l'espace amoureux

Mon cheval pour un royaume est, de fait, un roman dont la cohérence est loin d'être assurée. Le lien entre les diverses intrigues est plutôt lâche, et les personnages apparaissent et disparaissent sans qu'on comprenne toujours leur rôle dans le récit. L'analyse de cette œuvre met nécessairement en évidence cette structure bancale, encore que certains axes traversent tout le roman. Ainsi, la recherche du personnage mâle visant à trouver l'équilibre dans l'harmonisation de ses composantes homme-femme et l'échec de cette quête déterminent les actions des trois personnages principaux. Toute la tension entre la violence et la douceur, entre la raison et l'émotion, gouverne également le roman. Mais ces aspects n'émanent pas d'une textualité qui leur insuffle dynamisme et cohésion. Sans doute est-ce pour cela que Jacques Poulin a pris son premier roman en aversion ; sans doute est-ce pour cela aussi que l'analyse doit s'orienter vers un autre horizon, celui de *Mon cheval pour un royaume* comme œuvre fondatrice ; et, sur ce plan, la structure de l'espace gouverne et regroupe les principaux thèmes du roman.

Reste cependant une question capitale : à quoi *sert* cette structure de l'espace ? Je répondrai à cette question en deux temps.

Il va sans dire, tout d'abord, que cette configuration permet de comprendre, autrement que par sa seule trame narrative, l'enjeu de *Mon cheval pour un royaume*. Car ici, ce qui est en cause, ce n'est pas une action politique ou une sorte de cohabitation à trois, mais plutôt la quête d'une manière de vivre. En vérité, le roman conteste sa propre intrigue terroriste ; il s'oppose à l'action aveugle, fondée uniquement sur des principes rationnels visant la destruction. *Mon cheval pour un royaume* se termine dans une série d'images de violence, Pierre blessé se hissant vers le *haut* de l'escalier qui mène à la tourelle de la porte Saint-Louis, lieu de la violence :

> La violence.
> Je descendais la rue de la Fabrique, il y a deux jours.
> [...]
> Ils peuvent venir. Mon royaume est ouvert à tous. (126)

Pierre a au moins compris que le royaume qu'il cherche ne passe pas par la violence, thème qui reviendra dans *Le Cœur de la baleine* bleue et, surtout, dans *Volkswagen blues*.

De plus, cette façon de comprendre l'intrigue s'avère inséparable de la structure de l'espace selon un modèle haut-bas, clé essentielle pour lire les prochaines œuvres. On verra, par exemple, dans *Jimmy*, comment la structure du chalet sur pilotis et la dérive finale participent des mêmes schèmes de compréhension ; comment l'île des *Grandes Marées* est en fait l'espace de *Mon cheval pour un royaume* à un niveau d'intégration supérieur, avec les Maisons du Nord et du Sud, reliées par un sentier. Que dire de *Volkswagen blues*, où la quête se fait de haut en bas, du Nord au Sud ?

Bien sûr, les romans de Jacques Poulin contiennent beaucoup plus que cette quête, et je signalerai ces divers thèmes le moment venu. Toutefois, dans le cas de *Mon cheval pour un royaume*, j'ai cru opportun de faire ressortir ce que j'appellerais le lexique, voire le langage de Poulin, de même que cette recherche de la femme. Car le narrateur, sujet de cette quête, est toujours un homme.

Mon cheval pour un royaume contient d'autres aspects annonciateurs des œuvres à venir. Ainsi, le fait de raconter des histoires dans le récit de base marquera tout particulièrement *Faites de beaux rêves*, *Les Grandes Marées* et *Volkswagen blues* ; le message incomplet laissé par Simon, avant de mourir, ressemble à celui de Théo, dans *Volkswagen blues* : « [...] un homme à lunettes rondes et au visage en boule aurait perdu un ami. Il l'aurait cherché une nuit entière au hasard des rues et sur un pont à l'aide d'un message qu'il fallait déchiffrer comme la carte d'un trésor » (52). C'est en effet à partir d'une carte postale que Jack, dans *Volkswagen blues*, se mettra à chercher Théo...

Cependant, plus que des pistes ou des clefs de lecture placées çà et là, *Mon cheval pour un royaume* pose déjà les grands axes que suivront ensuite chacun des sept autres romans de Poulin. Pierre Delisle qui, à la taverne, boit pour retrouver son enfance, préfigure cette impossible régression qui hantera *Jimmy* ; ce même personnage cherchant par Nathalie sa partie féminine se retrouvera chez l'homme au cœur de jeune fille dans *Le Cœur de la baleine* bleue. Et que dire de Pierre, l'écrivain, et du pouvoir des mots qui fondera tout le roman *Faites de beaux rêves* ? L'impossible retour à l'enfance semble mener à la femme, à travers le langage et l'espace, le langage *de* l'espace.

Mais cette quête devra faire face à la violence : celle des autres, dans *Les Grandes Marées*, et celle qui se révèle par ce frère double de soi-même, dans *Volkswagen blues*, bien sûr.

À quoi mène tout ce parcours ? À trouver la femme. *Le Vieux Chagrin* la créera à l'aide de traces dans le sable, et *La Tournée d'automne* l'inventera avec une clarté inédite que dévoilera une nouvelle configuration de l'espace.

Or, l'écrivain de *Mon cheval pour un royaume* exprime clairement non seulement l'importance de son art, mais plus particulièrement celle des formes — lignes, courbes, cercles —, espaces de la quête qui seront intimement liés à la femme :

> Dans une vie aussi vide que la nôtre, derrière les murs où rien d'autre ne se passe que les histoires que nous nous racontons, les rites sont essentiels. [...] Je prends le crayon de bois à la mine arrondie ; je l'aiguise avec mon canif. Je trace des signes sur le papier, au hasard et un peu distraitement, des cercles, des lignes droites, des courbes. C'est un stratagème, une sorte de piège à idées. D'abord imprécis, le dessin peu à peu m'impose une forme. C'est prévu. Il me reste à la compléter. Comme résultat, le plus souvent, le dessin représente une femme.
>
> J'étudie longuement cette femme, attentif à surprendre son caractère. L'esquisse d'un récit se dessine. Mes idées commencent à s'ordonner ; d'autres personnages s'ajoutent ; l'histoire se précise. (41)

Il faut ainsi lire *Mon cheval pour un royaume* comme une introduction à toute l'œuvre de Jacques Poulin. La critique a-t-elle eu raison de voir là une œuvre ratée ? Selon le point de vue de la cohérence interne du récit et des personnages, peut-être. Néanmoins, ce texte fondateur ne peut être relégué aux oubliettes, car il contient les figures dominantes, les choix d'écriture et la recherche obsédante de la femme qui donnent à l'œuvre tout entière de Poulin sa grande cohérence, la création d'un espace amoureux dont ce premier roman vient de découvrir l'alphabet de base.

Notes

1. Rachel Cloutier *et al.*, « Entrevue avec Jacques Poulin », *Nord*, 2 (hiver 1972), p. 17.

2. *Id.*, p. 9.

3. Paul G. Socken, *The Myth of the Lost Paradise […]*, p. 17 (je traduis).

4. Gilles Dorion et Cécile Dubé, « Entrevue avec Jacques Poulin », *Québec français*, 34 (mai 1979), p. 33.

5. Jacques Poulin, *Mon cheval pour un royaume*, Éditions du Jour, Montréal, 1967, 130 p. Je donne dans le texte toutes les références au roman de Poulin.

6. Paul G. Socken, *The Myth of the Lost Paradise […]*, p. 17 (je traduis).

7. Jean Éthier-Blais, « Deux jeunes : le rose et le noir », *Le Devoir* (30 juin 1967), p. 15.

8. Alain Pontaut, « Mon étalon pour une calèche », *La Presse* (1er juillet 1967), p. 21.

9. Clément Lockquell, « Deux peintures de la stérilité », *Le Soleil* (8 juillet 1967), p. 25.

10. *Dictionnaire des œuvres littéraires du Québec. IV : 1960-1969*, p. 586.

11. André Major, « *Mon cheval pour un royaume* », *Le Devoir* (8 juin 1967), p. 6.

12. Paule Saint-Onge, « Place au roman », *Châtelaine*, VIII, 9 (septembre 1967), p. 28.

13. Alain Pontaut, « Mon étalon pour une calèche », *La Presse* (1er juillet 1967), p. 21.

14. Bernard Valiquette, « *Mon cheval pour un royaume* », *Écho-Vedettes* (19 août 1967), p. 21.

15. Jacques Desrosiers, « Hertel pour un cheval », *L'Écho du Nord* (17 janvier 1968), p. 55. Il s'agit en l'occurrence du chapitre 10.

16. Alain Pontaut, « Mon étalon pour une calèche », *La Presse* (1er juillet 1967), p. 21.

17. Jean Éthier-Blais, « Deux jeunes : le rose et le noir », *Le Devoir* (30 juin 1967), p. 15.

18. *Richard III*, acte V, scène IV.

19. Gérard Genette, *Palimpsestes*, p. 8.

20. Platon, *La République*, Livre VII, 514a-514b.

21. Jean-Cléo Godin, « Entre la pierre et l'extase », *Nord*, 2 (hiver 1972), p. 46.

22. Mircea Eliade, *Méphistophélès et l'androgyne*, p. 132, cité dans Jean Chevalier et Alain Gheerbrant, *Dictionnaire des symboles*, p. 40.

23. L'exemple est donné par Marc Angenot dans *Glossaire pratique de la critique contemporaine*, p. 148.

24. Jean-Cléo Godin, « Entre la pierre et l'extase », p. 45.

25. *Ibid.*

26. Dans *Jimmy*, le narrateur fera une descente analogue avec sa mère : « Alors tu descends, supposons, la rue Desjardins, tu es rendu vers le bas, tu regardes vaguement le cinéma Empire avec les affiches de chaque côté. Tout à coup tu tombes sur une Astor Martin » (*Jimmy*, 42).

CHAPITRE 2

LES VOIES

Jimmy : puisque l'enfance doit mourir

> Everybody knows that the boat is leaking.
> Everybody knows the captain lied.
> [...]
> Everybody knows the deal is rotten.
>
> Leonard Cohen, *Everybody knows.*

Aussi bien le dire tout de suite : à l'exception de *La Tournée d'automne*, les romans de Jacques Poulin se terminent mal. Pierre Delisle délire après son acte terroriste, dans *Mon cheval pour un royaume* ; Jimmy verra s'écrouler le chalet de son enfance et, ainsi, tout son univers aller à la dérive. Les romans suivants s'achèveront sur une note sombre : le suicide de Noël (*Le Cœur de la baleine bleue*), les départs de Marie et de Teddy Bear (*Les Grandes Marées*), le Théo décrépit à la fin de *Volkswagen blues*, etc.

Ces échecs sont, tout de même, le signe d'une recherche, d'une quête qui prend plusieurs visages : la femme, la douceur, la communication (qui a un sens bien particulier chez Poulin) et, dans le cas de *Jimmy*, la tendresse. Le roman se clôt d'ailleurs sur cet appel désespéré : « besoin de tendresse, crotte de chat ! besoin de tendresse ! Over[1] » (158).

Jimmy est un roman sur l'enfance et la tendresse. S'étonnera-t-on que ce deuxième livre traite justement de ces sujets ? Car les œuvres de Poulin s'annonçant les unes les autres, il faut dès lors retourner à une scène importante de *Mon cheval pour un royaume* montrant le narrateur qui, « pour descendre dans le ventre du Vieux-Québec » (67), se rend à la taverne La Chapelle. C'est d'ailleurs, il le dit lui-même, un lieu de recueillement, de détente, de « désordre liquide ». Plus Pierre Delisle boit, plus il sent ses mouvements ralentir et, curieusement, sa lucidité se retranche dans le haut de sa tête devant l'effet de « la marée [qui] a monté » (71). Puis, cette phrase décisive : « descendre dans une cave ou un sous-sol, c'est descendre dans sa propre enfance » (68).

Lire *Jimmy*, c'est cependant être témoin d'un tremblement de terre qui finira par engloutir toute l'enfance du personnage. La première secousse proviendra de l'image désormais méconnaissable du père et de la mère ; suivra l'effondrement du chalet, la maison-enfance. Toutefois, l'enfant, pas plus que l'adulte, n'est extériorité ; en d'autres mots, son être à lui aussi existe par et, surtout, dans le langage. La dérive du langage, maison de l'être (on le verra dans *Faites de beaux rêves*) est peut-être le plus impitoyable de tous les anéantissements. Je parcourrai donc ces trois étapes du séisme qui engloutit l'enfance de Jimmy, c'est-à-dire la destruction des figures parentales, l'écroulement du chalet-enfance et l'opacité du langage, pour ensuite considérer dans l'œuvre deux directions représentant le salut : la vie rêvée et l'art de piloter. Mais voyons d'abord si *Jimmy* a été mieux accueilli par la critique que le roman précédent, en fondant tous ces propos sur un bref résumé de l'œuvre.

Descente en enfance, descente en enfer

Jimmy, comme dans *Mon cheval pour un royaume*, est raconté à la première personne, mais, cette fois, c'est un jeune narrateur de onze ans qui relate une histoire dans son langage à lui.

Son récit se passe durant un été — le dernier d'une série — où ses parents et lui s'installent dans leur chalet, à Cap-Rouge. Ce chalet a la particularité d'être monté sur des pilotis, si bien que l'eau, et surtout les grandes marées d'automne, le rongent depuis des années et menacent de l'emporter à la dérive.

Jimmy passe cet été avec ses parents, Papou et Mamie. En outre, des voisins s'installent près d'eux : le Commodore et ses sept enfants, dont Thiers et Mary. Il faut savoir que le Commodore et Thiers sont pilotes de bateau. Mamie, la mère de Jimmy, a une liaison avec Thiers, et Jimmy, cet été-là, se plaira tout particulièrement dans la compagnie de Mary.

Deux événements assombrissent la vie au chalet. L'année précédente, Mamie a fait un séjour à l'Hôtel-Dieu de Québec, et depuis elle n'est plus la même ; maintenant, les pilotis semblent pourris au point que le chalet menace de s'écrouler.

Et c'est bien ce qui arrivera ! Dans la scène finale modelée par l'imaginaire et le délire, Jimmy fait entrer des animaux dans son chalet-arche de Noé avant que celui-ci ne tombe de ses pilotis et ne soit emporté par les grandes marées d'automne. Le signal de détresse — « Besoin de Tendresse » —sera difficilement capté par une radio à l'île Madame[2].

Avant de rendre compte de la réception de *Jimmy*, disons quelques mots au sujet de sa genèse. Dans plusieurs entrevues, Jacques Poulin répète que l'écrivain ne parle bien que de ce qu'il a vécu ; ce principe essentiel de son art ne signifie pas pour autant qu'il faille voir dans l'enfance de *Jimmy* celle de l'auteur, qui a d'ailleurs répondu à pareille tentative de rapprochement : « Si ça ne vous ennuie pas trop, j'aimerais mieux ne pas être obligé de parler de mon enfance. D'ailleurs, je l'ai tellement transformée dans ma tête que ça ne correspondrait pas du tout à la réalité[3]. » Le rapport au réel, en ce qui concerne la genèse de *Jimmy*, se fonde plutôt sur deux étés passés à Cap-Rouge et à Saint-Vallier, dans des chalets, l'un sur pilotis, l'autre voisin d'un pilote de bateau marié à une Anglaise et ayant une petite fille du nom de Mary.

« Alors, dit l'auteur, j'ai commencé à écrire une histoire et ça marchait mal. Puis un jour l'idée m'est venue de faire raconter l'histoire par un enfant et c'est devenu facile[4]. » Facile, certes, mais aussi grandement apprécié des lecteurs.

Cette fois, un accueil enthousiaste

Inutile de rappeler comment *Mon cheval pour un royaume* a été reçu avec des sentiments mitigés : le roman n'était peut-être pas réussi, mais il recelait de belles promesses. *Jimmy* offre la récolte espérée.

Ce roman, écrit Paul Roux, « n'est pas le premier roman québécois sur l'enfance, mais il est, je crois, le plus vrai et le plus beau[5]. » L'écueil habituel du roman dont le narrateur est un enfant est le manque de vraisemblance ; or, « ce qui est original dans *Jimmy*, c'est que le narrateur, un enfant de onze ans, n'est pas le porte- parole d'un auteur qui lui souffle des répliques[6]. »

Il est vrai de dire que « la réussite de Poulin, c'est d'abord d'avoir inventé un langage enfantin et de l'avoir conservé tout au long du récit [...][7]. » S'ajoutent d'autres qualités indéniables, dont le pathétique et l'accent de vérité de la détresse de Jimmy.

Un concert d'éloges[8] salue *Jimmy*, si bien que « la voix de Jacques Poulin est de celles qu'on souhaite réentendre[9]. » Réginald Martel, qui n'a jamais eu la bénédiction facile, écrit que, avec la parution de *Jimmy*, Jacques Poulin est devenu « un des écrivains les plus importants de sa génération. *Jimmy* est le meilleur roman, à ce jour, de l'année 1969[10]. »

Ces remarques sont certainement plus stimulantes, pour amorcer l'étude de l'œuvre, que dans le cas de *Mon cheval pour un royaume*...

Des parents pauvres

Rappelons ce qui est dit dans *Mon cheval pour un royaume* : « il faut trois personnes pour faire un monde » (112). Cette réflexion s'appliquera à plusieurs romans de Poulin, même si, parfois, la troisième personne est un intrus, comme dans *Les Grandes Marées.* Dans *Jimmy*, cependant, les personnages sur lesquels se base l'intrigue du roman sont au nombre de trois ; autour d'eux gravitent les habitants du chalet voisin, principalement le Commodore, Thiers et la jeune Mary.

Il convient évidemment de présenter d'abord le narrateur. Tout le récit passe non seulement par sa voix, qui se module en *je* et en *tu*, mais aussi par son imagination. Ce narrateur de onze ans n'a pas de nom. Cependant, on l'appellera volontiers Jimmy, car le titre nous y invite et en outre il adore la course automobile, en particulier Jimmy Clark, auquel il s'identifie.

Jimmy raconte le récit en fabulant à loisir, comme il se doit pour un enfant. Ici, il relate une balade en pneumatique dans les mers du Sud ; là, une course effrénée en voiture aux côtés de Jimmy Clark : « Comme menteur, je suis le meilleur de toute la ville de Québec. Quand je raconte quelque chose, je me mets à penser à des tas de choses plus intéressantes que les miennes et tu pourrais jurer, à les entendre, qu'elles sont vraiment arrivées et moi-même je pourrais le jurer aussi » (35).

Lorsque Jimmy se traite de menteur, ne le croyons qu'à demi : ses récits apparemment gratuits, inventés, sont aussi « vrais » et importants que le reste de l'histoire qu'il raconte.

Une obsession hante Jimmy : l'effondrement de son chalet, par l'effet de la pourriture des pilotis. Et Jimmy pressent d'autant plus cruellement la destruction de sa famille et de son enfance qu'il se rend bien compte que Papou et Mamie ne sont plus les mêmes.

L'ébranlement s'est produit un an plus tôt, lorsque Mamie est allée faire un séjour à l'Hôtel-Dieu de Québec. De quoi s'agissait-il donc ? Mamie s'était rendue là pour un accouchement, et elle a finalement fait une fausse couche. Cette expérience a réellement bouleversé, peut-être même traumatisé Mamie : « Mamie ne revenait toujours pas de l'Hôtel-Dieu. Lorsqu'elle est revenue, Papou avait l'habitude de monter au grenier. Mamie avait appris à rire beaucoup et à jouer avec moi, et elle avait maigri » (29).

C'est donc une Mamie méconnaissable qui est revenue à la maison ; elle s'est mise à collectionner les poupées (120), elle connaît le nom de tous les oiseaux, « elle sait par cœur le nom des fleurs et des parfums » (31). Jouant à reconnaître les parfums, elles ferme les yeux pour les identifier. Elle est du monde de l'odorat plutôt que de celui de la vue. Papou juge sa situation : « Mamie a été très malade. Il y a des femmes qui… qui retombent en… » (137). Papou ne termine pas sa phrase, mais on sait bien qu'elle est retombée en enfance.

En fait, Papou est un être rationnel, psychologue de profession ; quand, par exemple, il fait son feu de grève, c'est un « feu de grève scientifique » (33), bien ordonné. Sauf que lui aussi a changé depuis le séjour de Mamie à l'Hôtel-Dieu : « il parle parfois comme si je n'étais pas à lui, ou quelque chose comme ça » (47). Quand Thiers veut simplement rendre visite à Papou au chalet et qu'il demande à Jimmy si son père est là, ce dernier répond simplement « Oui et non » (98). Voilà en effet le drame : la perte du père. « Avant le séjour de Mamie à l'Hôtel-Dieu, Papou était un expert en auto de courses et il ne s'intéressait pas à Hemingway ni rien » (74). Hemingway ? C'est que le père écrit une étude sur cet auteur et, à cette fin, se réfugie dans le grenier et en interdit l'accès aux autres membres de la famille. Cette analyse, cette écriture, divise et isole Mamie, Papou et Jimmy.

Les pilotis pourrissent de plus en plus, si bien que l'enfance de Jimmy est en train de s'effondrer. Il y a d'abord Papou qui a abandonné le domaine du jeu (la course automobile) et qui est devenu sérieux : il écrit une étude. Ensuite, Mamie s'est peut-être rapprochée de Jimmy en retrouvant l'enfance (elle s'est mise à aimer les courses d'automobiles) mais, en revanche, elle s'est éprise du voisin et fils du Commodore, Thiers, avec qui elle a une liaison. À la fin, Papou devient presque fou en s'identifiant à Hemingway que l'on veut envoyer à la clinique Mayo, et Mamie le trompe avec Thiers.

Pour Jimmy, c'est l'effondrement :

> ~ Les gens avec qui tu peux essayer de parler, en temps normal, c'est Mamie et Papou. Je veux dire s'il y a quelqu'un dans le monde avec qui tu devrais être capable de parler, tu as l'impression que c'est Mamie et Papou, crotte de chat ! Mamie est prise avec le pilote jusqu'au cou ; Papou est pris avec Hemingway jusqu'au cou. Ils sont pris tous les deux jusqu'au cou et je ne dirai plus un maudit mot à personne de toute ma vie. (143) ~

Le sort en est jeté, et Jimmy doit convertir son chalet en arche de Noé et composer avec la dérive : « Papou et Mamie n'existent plus, les animaux sont entrés, je ne parle plus avec personne » (149).

Avant cette fin dramatique, à tout le moins pour son enfance, Jimmy a pourtant connu d'heureux moments avec deux autres personnages dont il convient de parler, le Commodore et Mary.

Le Commodore — son nom le dit — est pilote de bateau. Pour cette raison, il exerce une grande fascination sur Jimmy. Mais il y a plus : non seulement le Commodore est-il expert pilote, mais aussi, il est expert en pilotis, puisque c'est lui qui, chaque année, évalue les chances de durée du chalet de Jimmy. « Tu pourrais croire, à première vue, qu'il n'y a pas de ressemblance entre un pilote et un pilotis. Pourtant le Commodore est un ancien pilote et il est un expert en pilotis. Il est le seul expert en pilotis […] » (64). Je reviendrai, plus loin, sur l'importance d'être pilote, expert, coureur automobile ; mais on devine déjà que l'enfance est, comme l'écrira Jacques Ferron l'année suivante dans *L'Amélanchier*, une question d'« orientement ». C'est pourquoi les pilotis, toujours fragiles, exigent un pilotage habile dans la vie : « Une chose est certaine, je veux devenir pilote de bateaux et c'est à cause des maudits pilotis » (104).

Le dernier personnage qu'il faut évoquer, c'est Mary, jeune fille du même âge que Jimmy, et qui lui donne « un coup dans l'œil » (89). Deux séquences racontées par Jimmy et où figure Mary sont de véritables oasis de bonheur. D'abord, un tour (imaginaire, mais qu'importe ? il est peut-être pour cette raison encore plus important) de radeau pneumatique dans les mers du Sud, épisode que je commenterai plus loin. Ensuite, quelques moments passés avec elle et le chat, le Chanoine, dans un sac de couchage, lieu fermé de paix et d'équilibre également associé aux mers du Sud : « L'impression que tu as, avec Mary et le chanoine, c'est que la chaleur nous a fait fondre doucement, qu'on devient une seule personne dans une grande robe de nuit qui dérive lentement de l'autre côté de la mer des Sargasses » (125). Encore là, il faut trois personnes pour faire un monde. Ou plutôt, deux personnes et… un chat.

Ce chat dans l'œuvre de Poulin — il y en aura une flopée dans les romans suivants — se montre bien discret. Mais cela ne l'empêche pas d'être doté de la principale qualité que cherche Jimmy, l'orientation : « Venu de nulle part, le Chanoine me passe entre les jambes à cent milles à l'heure ; il l'a fait exprès, je le jure, pour montrer que son radar est meilleur que le mien » (93).

Ce regard sur l'intrigue et les personnages a fait voir l'importance (symbolique et narrative) de quelques lieux déterminants : le chalet, les pilotis, le grenier. Ces espaces sont indissociables de la dynamique du récit.

Un chalet pourri

Que ce soit sous l'angle de la mythologie ou de la psychanalyse, la maison est reconnue comme l'un des éléments constitutifs fondamentaux de l'individu ou de la société. Sur le plan personnel, elle symbolise l'être intérieur que Gaston Bachelard a abondamment étudié : « ses étages, sa cave et son grenier symbolisent divers états d'âme. La cave correspond à l'inconscient, le grenier à l'élévation spirituelle[11]. » Quel que soit le point de vue, la maison constitue le centre du monde, le centre de soi.

Certes, le chalet de Jimmy représente la maison-enfance, et c'est justement là tout le drame des pilotis pourris. Cependant, cette manière de représenter la fin du premier âge témoigne de l'originalité de Jacques Poulin : image peu commune, en effet, que celle du chalet sur pilotis pour signifier cette chute de l'enfance et la dérive qui l'accompagne. Image peu commune, certes, mais également très riche sur les plans symbolique et narratif.

Jimmy, précisément, fait une première colère en prenant conscience de la pourriture qui attaque son chalet ; la désagrégation possible des pilotis renvoie à la pourriture dans le chalet, à la dislocation, donc, aux rapports qui soutiennent l'univers familial :

> Une idée de zouave te passe par la tête : c'est peut-être pas seulement les pilotis qui sont pourris. [...] Je veux dire, crotte de chat, c'est peut-être pourri dans le chalet !
>
> LA MAUDITE POURRITURE M'ENRAGE ! (64-65)

Que le chalet ait une âme de bateau préfigure son destin (68) : un jour, il partira à la dérive. Jimmy saura-t-il naviguer dans ces nouvelles eaux ? À la fin du roman, on le sait, il lance un appel désespéré : « Besoin de tendresse ! », à la barre d'une enfance qui vient de se briser.

Le Commodore est un sage, lui, car il a tout compris : « Une maison sans fondations c'est comme un homme qui n'a pas d'enfance » (110). Or, à mesure que le récit avance, Jimmy s'enfonce dans la stupeur de l'abandon par ses parents : « Les pilotis sont pourris, Papou et Mamie aussi. Il va falloir que j'en parle encore au Commodore » (126).

Il faut aussi reconnaître l'importance du grenier dans la configuration générale du chalet de l'enfance. Le grenier est le lieu de l'homme, du père, de l'écriture rationnelle, et Papou y prépare une étude sur Hemingway. D'ailleurs, ce Papou transformé a pris l'habitude de s'y réfugier depuis que Mamie est revenue de l'Hôtel-Dieu ; cette nouvelle structure d'univers, où Papou occupe le haut et Mamie le bas, est le symptôme d'une décadence : « Au grenier de Papou, il y a une odeur pourrie comme celle d'un doigt que tu sors du nombril. Papou demande à Mamie de ne pas y aller non plus, mais » (29).

Cette organisation spatiale est en vérité une structure de vie, une structure ontologique, la désagrégation du monde équilibré de l'enfance. Elle se figure ainsi :

Cette opposition haut / bas était déterminante dans *Mon cheval pour un royaume* et s'y ajoute maintenant le couple homme / femme. Or, à première vue, nous avons là les stéréotypes les plus usés : l'homme, le père, la raison, l'écriture, la production ; la femme, les poupées, les algues, les fleurs, les parfums. De fait, ces clichés circulent dans le roman, voire dans presque toute l'œuvre de Poulin, excepté que, pour Jimmy, l'équilibre ne réside pas dans l'identification au père, mais dans l'harmonie en lui du père et de la mère. Ainsi, non seulement *Jimmy* n'échappe-t-il pas à l'androgynie, mais il inscrit définitivement une quête d'équilibre qui constituera la thématique centrale du *Vieux Chagrin.*

Dans une vision hallucinante, Jimmy est saisi par cette image de la maison-enfance :

> ⁓ Avec la lune la silhouette blanche immobile au pied de l'échelle de fer, et derrière elle, vaguement, les pilotis pourris. Au-dessus, flottant dans la nuit comme sur le mât d'un bateau, la petite lumière au grenier où Papou travaille avec Hemingway comme une espèce de zouave. Tu regardes la lumière, les pilotis et le fantôme, et tu ne peux pas t'empêcher de penser à la chanson de Mamie. (135) ⁓

Cette silhouette blanche qui va ensuite dériver sur la plage est Mamie, la femme (142) ; quant à Papou, il nous rappelle cette petite lumière, cette fausse lucidité qui se cachait tout en haut, dans la tête de Pierre Delisle. Enfin, de la chanson de Mamie, évoquée à plusieurs reprises dans le roman, on ne connaît que ces paroles, mais essentielles, qui associent bateau et jambes : « Maman les p'tits bateaux qui vont sur l'eau ont-ils des jambes ? » (63). Il faut se rappeler, pour apprécier la portée de cette chanson, que le chalet de Jimmy « a une âme de bateau » (68). Tu regardes la lumière, les pilotis et le fantôme, dirait Jimmy, et tu ne peux t'empêcher de penser à ce chalet qui deviendra bateau, et te demander si ces pilotis deviendront alors des jambes.

La grande menace, c'est évidemment la marée haute de l'automne et la dérive qu'elle entraîne.

Des mots qui dérivent

Dès le début du roman, Jimmy flaire le danger : « Le chalet est juché sur pilotis, à l'extrémité d'une pointe de rocher. À marée haute, il a l'air d'un bateau perché sur des pattes ; tu ne peux pas t'empêcher de penser à la chanson de Mamie » (12). Et, tout de suite après : « Le silence, ce n'est pas le silence, mais l'eau du fleuve qui vient doucement lécher les pilotis : la marée est haute » (16).

Cette marée, celle de l'automne, risque de tout emporter avec elle, ce qu'elle fera d'ailleurs, on le sait. À la fin de chaque d'été, elle accroît ses ravages (32), mais tout laisse croire à Jimmy que cet automne sera le dernier. Cette marée pourrait même s'attaquer au feu de grève scientifique et aux histoires qu'on se raconte à cette occasion, car elle n'épargne rien… D'ailleurs, dans une sorte de vision prémonitoire où Jimmy voit sa mère apparaître en squaw et lui-même en papoose, le sort du wigwam annonce celui du chalet : « le wigwam s'est mis à tourner de plus en plus la marée monte la grande marée d'automne entoure le wigwam tourne de plus en plus vite et le papoose part à la dérive » (95).

La dérive, rupture d'avec le monde de l'enfance, état de chaos, désordre du monde, clôt ainsi le roman. Mais cette entropie renvoie au texte lui-même, au fait de raconter des histoires. Écoutons Jimmy : « Ce qui arrive, dans une histoire, tu commences à raconter ça, tu pars à la dérive comme un radeau sur le fleuve et tu ne sais plus du tout où tu vas te ramasser » (11). Ou encore :

> ~ Je veux dire, tu es prêt à raconter quelque chose, tu mets tous les mots à terre et tu les tiens par la queue pendant une minute, puis tu les lâches d'un coup et ils courent à

> quatre pattes dans tous les sens : tu te ramasses avec une histoire de zouave, pour être honnête. (25)

Un parallèle intéressant s'établit entre le chalet et le langage, tous deux menacés de dériver. Dans une très belle scène, Jimmy raconte à ses parents qu'il a trouvé sur la plage « deux choses claires » (43) : un revolver noir et une blonde avec la robe déchirée. Grand émoi chez Papou et Mamie, qui somment Jimmy de lui montrer immédiatement sa découverte ; Jimmy les conduit à ce qui n'est qu'un revolver de plastique et une poupée brisée. Tout était pourtant clair pour le jeune Jimmy :

> Mais tu commences à parler d'une poupée et d'un revolver et la marée se met à monter, comme Papou quand le sang lui monte à la tête et qu'il s'énerve, la marée monte de plus en plus jusqu'à ce que l'ancre ne touche plus au fond et que toute l'affaire parte à la dérive. (46)

Un mythe du langage simple, transparent, anime non seulement ces propos, mais plusieurs autres romans ; chez Poulin, les personnages parlent peu, et ils savent supporter le silence. Le flux des mots ressemble trop à la marée pour qu'on ne s'en méfie pas. J'évoquerai, dans la prochaine section de ce chapitre, une balade de Jimmy et de Mary dans la mer des Sargasses ; mais j'anticipe sur la nature positive de ce déplacement en notant le rapport de Jimmy et de Mary au langage :

> Une chose certaine, on ne parlerait pas trop ; je lui expliquerais seulement les choses qu'elle voudrait et je lui demanderais avant pour être plus sûr. On n'irait pas à cent milles à l'heure et les choses ne partiraient pas à la dérive non plus. (111)

Dans ce monde équilibré, rien ne part à la dérive ou ne s'emballe ; le langage sait faire voir sans se faire voir, et les mots, littéralement, n'inondent pas l'interlocuteur. Le mouvement incontrôlé ou accéléré laisse ainsi sa place à la retenue, à la mesure.

Tout se passe, chez Poulin, comme si la force des mots était en raison inverse de leur nombre, ce qui n'est pas sans évoquer la nostalgie d'un paradis où le langage sert à unir les êtres. Les images bibliques sont évidemment incontournables dans *Jimmy* : l'arche de Noé, plusieurs allusions à des récits de création et le déluge en désignent les principales références. Mais il est intéressant de noter cette nostalgie d'un Éden langagier où nommer les choses, parler aux êtres, est un acte simple, direct. Hélas, dans sa vie présente, Jimmy n'a « pas le temps de nommer les choses : elles sont parties à cent milles à l'heure, ou à la dérive. Je veux dire, tu n'as pas le temps de parler comme du monde ni rien » (110-111).

Malgré tout, la vie rêvée

Se profile donc, dans *Jimmy*, la nostalgie d'un équilibre qui n'est pas seulement celui de l'enfance, mais aussi celui des mots, des êtres, de l'homme et de la femme. Et, comme dans *Mon cheval pour un royaume*, deux séquences illustrent cet idéal, qui est avant tout un espace.

Le lien avec *Mon cheval pour un royaume* se fait aisément, car on se rappelle que, dans certaines séquences de ce roman, le haut et le bas s'harmonisaient à la suite d'une descente du narrateur. *Jimmy* renforce cette conception de l'espace rêvé dans deux séquences qui ont cette particularité d'être dues à l'imagination du jeune narrateur.

Dans la première scène, Jimmy s'imagine en radeau avec sa mère. Il se dirige vers le Sud, vers la mer des Sargasses, puis s'approche d'une île déserte ; c'est un lieu sans soleil et, si les personnages ont l'air d'être égarés, il n'en est rien. En effet, sur leur petite île du Sud, Jimmy demande : « On est bien ici, non ? », et Mamie de répondre spontanément : « On est très bien » (79). Jimmy, qui simplement poussait sa mère sur un radeau, s'est créé un univers de joie, de paix, une île pour deux — on reprendra évidemment cette idée dans *Les Grandes Marées* —, une île où sa mère éclate de rire, est heureuse ; cependant, l'arrivée de Thiers, l'amant de Mamie, détruira cet univers enchanteur : « notre île volcanique a disparu sous l'eau » (85).

La seconde séquence ressemble étrangement à la première, à cette différence près que le personnage féminin est, cette fois, la jeune Mary. La scène commence ainsi :

> Une chose que j'aimerais, c'est faire un tour avec Mary sur le radeau pneumatique. Je mettrais mon moteur en marche et on ferait un tour très lentement jusque de l'autre côté de la mer des Sargasses ; elle resterait assise au milieu du radeau pour ne pas qu'il bascule et je ferais attention de ne pas trop l'éclabousser avec le moteur. On irait au ralenti [...]. (111)

Pesons chacun des mots utilisés ici : un souhait (« une chose que j'aimerais »), la lenteur, le Sud et la mer des Sargasses, l'équilibre du radeau. C'est dans cette séquence que Mary et Jimmy parleraient peu. Maurice Lachance attache par ailleurs une grande importance à cette séquence. Après avoir analysé chez Poulin l'antinomie qui semble marquer la création et la communication dans tous les romans de l'auteur jusqu'à *Volkswagen blues*, il note que cette séquence qui dépeint Mary et Jimmy offre un caractère exceptionnel : « À l'écart, le temps de quelques mesures, des dissonances de l'ordre social, ils ont formé en sourdine un duo à une voix[12]. »

Ces deux extraits inventent l'autre monde, celui de l'harmonie, de l'équilibre, semblable en cela à *Mon cheval pour un royaume* à cause de son articulation Nord-Sud :

Haut / Nord	lieu de départ
Bas / Sud	équilibre, ralenti, absence de soleil

Cet axe Nord/Sud, qui peut être rapproché des pôles Haut/Bas de *Mon cheval pour un royaume*, est très important, car il préfigure *Les Grandes Marées* et *Volkswagen blues*. Ces deux romans, cependant, feront reposer leur trame sur cette configuration de l'espace, contrairement à *Jimmy*, qui ne la livre que par à-coups, dans des séquences isolées.

En fin de compte, savoir piloter

La course automobile est très présente dans *Jimmy*; et elle sera l'essentiel de *Faites de beaux rêves*. Mais pourquoi cette importance ? Qu'y a-t-il de si important à être pilote ? « Une fois que tu es pilote, tu es pilote toute ta vie ; c'est comme une fois que tu es homme : tu es homme toute ta vie » (96).

Le Commodore et Thiers sont pilotes ; quant à Mamie, depuis son séjour à l'Hôtel-Dieu, elle aime les autos de course. Or, la course automobile requiert des qualités telles du pilote que celui-ci, par sa précision, sa maîtrise, évitera le dérapage ou, disons-le, la dérive. Le pilote « appartient à un autre monde » (67) où le jeu de la maîtrise du déplacement prend une signification seconde, celle du destin orienté en vertu de gestes et de règles simples et connues de tous.

Deux univers s'affrontent et, encore ici, l'Hôtel-Dieu est le pivot du changement : « Avant le séjour de Mamie à l'Hôtel-Dieu, Papou était un expert en courses d'auto et il ne s'intéressait pas à Hemingway ni rien » (74). Il amenait Mamie et Jimmy aux courses et, là, ils se parlaient. Des courses, certes, mais ils se parlaient. L'ancien langage désormais révolu traitait de telle voiture, de telle manœuvre, et il n'était pas nécessaire de parler de soi pour se parler. Le livre sur Hemingway a tout gâché…

Ne soyons donc pas étonnés si, au moment de la dérive finale du chalet, Jimmy apprend cette nouvelle au sujet de son idole Jimmy Clark : « Jimmy a heurté un arbre à cent soixante-quinze milles à l'heure dans une Lotus-Ford. Ça te donne un coup au cœur d'entendre ça à la radio au sujet du meilleur pilote d'autos de courses au monde » (155).

Je ne reviendrai pas sur toutes les annonces, dans *Jimmy*, des romans à venir de Poulin, sous forme de personnages (le chat, Mary/Marie), de lieux (l'île Madame), de stratégies narratives (la manie de raconter des histoires exemplaires dans le récit de base), de situations (la course automobile), etc. On verra bien s'édifier ce tissu intertextuel (au sens large) d'une œuvre à l'autre.

Je préfère, pour terminer, mettre l'accent sur la recherche qui anime *Jimmy*, celle d'une sorte d'assurance-vie, par l'écriture. Jacques Poulin n'écrit pas pour s'amuser avec les mots ; ceux-ci sont, comme chacune des manœuvres du pilote, une manière de se guider, d'éviter la catastrophe, de chercher à aller plus loin.

L'une des figures de la perfection souhaitée dans *Jimmy*, c'est celle de l'expert, auquel rien n'échappe qui concerne la maîtrise de son destin. Car c'est bien de destin qu'il s'agit, encore que celui-ci n'est pas posé selon l'ordre du *pourquoi*, mais du *comment*. Non pas, donc, *pourquoi vivons-nous ?*, mais de préférence *comment pouvons-nous bien vivre ?* Les résonances de *Jimmy* sont ainsi beaucoup plus éthiques que métaphysiques, l'être s'effaçant devant l'être en société. Jacques Poulin écrit des histoires pour approfondir cette recherche. Femme, enfance, mort : faisons un pas de plus avec *Le Cœur de la baleine bleue*.

Notes

1. *Jimmy*, Montréal, Éditions du Jour, 1969, 158 p.
2. Ainsi s'appellera d'ailleurs l'île dans *Les Grandes Marées*.
3. Rachel Cloutier *et al.*, « Entrevue avec Jacques Poulin », *Nord*, 2 (hiver 1972), p. 14.

4. Rachel Cloutier *et al.*,« Entrevue avec Jacques Poulin », *Nord*, 2 (hiver 1972), p. 13. Dans une autre entrevue, Poulin ajoute : « j'ai lu un roman américain, *The Catcher in the Rye* [*L'Attrape-cœurs*], où le narrateur était un enfant. J'ai décidé de faire la même chose et c'est à ce moment-là que mon histoire a vraiment démarré. » (Gilles Dorion et Cécile Dubé, « Entrevue. Jacques Poulin », *Québec français*, 34, mai 1979, p. 33.)

5. Paul Roux, « *Jimmy*, un grand roman sur l'enfance », *Le Soleil* (15 mars 1969), p. 32.

6. *Id.*

7. André Major, « À la recherche de la bonne tendresse », *Le Devoir* (22 mars 1969), p. 15.

8. Une seule voix discordante, celle de Paul Gay, qui avoue ne pas avoir accroché au roman et qui trouve que *Jimmy* manque de cœur, d'âme (« *Jimmy* », *Le Droit*, 19 juillet 1969, p. 7).

9. Paule Saint-Onge, « Des voix qu'on aime entendre », *Châtelaine*, 10, 5 (mai 1969), p. 42.

10. Réginald Martel, « C'est d'enfance qu'il s'agit », *La Presse* (8 mars 1969), p. 23.

11. Jean Chevalier et Alain Gheerbrant, *Dictionnaire des symboles*, p. 604.

12. Maurice Lachance, « Une ou deux voix dans l'orchestre », *Études françaises*, 21, 3 (hiver 1985-1986), p. 65.

Le Cœur de la baleine bleue : pour ne pas violer la femme en soi

> Jadis notre nature n'était pas ce qu'elle est à présent, elle était bien différente. D'abord il y avait trois espèces d'hommes, et non deux, comme aujourd'hui : le mâle, la femelle et, outre ces deux-là, une troisième composée des deux autres [...].
>
> Platon, *Le Banquet.*

Il est plus à propos, dans le cas de Jacques Poulin, de parler de *son* œuvre, plutôt que de *ses* œuvres. Les romans forment une gerbe de thèmes et de personnages qui approfondissent quelques-uns des aspects essentiels de l'existence : l'enfance, la tendresse, l'amour, la recherche de la part féminine en soi-même.

Ce dernier thème, la quête de la femme, indique clairement que les textes de Poulin sont écrits et marqués par un auteur *homme*, qui ne prétend aucunement écrire une œuvre a-sexuée. Ce n'est pas tout de dire que l'œuvre poulinienne est fortement autobiographique : il faut comprendre qu'il s'agit de l'autobiographie d'une âme, masculine de surcroît. Cette remarque ne veut pas dire que Poulin soit récusé par les féministes, bien au contraire, car il y a bien des manières d'être homme et, chez Poulin, la principale consiste justement, on le verra avec *Le Cœur de la baleine bleue*, à accueillir la part féminine dans la masculinité.

Porte du sens dans *Mon cheval pour un royaume* et dans *Jimmy*, la quête de la femme se présente comme la principale voie pour entrer dans *Le Cœur de la baleine bleue.* Certes, la nature rayonnante de l'œuvre fait se greffer, au propos central, d'autres thèmes familiers : l'enfance, la douceur, la mort. Cependant, je mettrai l'accent, ici, sur cet aspect fondamental qu'est, dans ce troisième roman, l'acceptation de la femme en soi-même.

Conjuguant sens et forme, un court résumé du *Cœur de la baleine bleue* fera d'abord apparaître la construction du roman en quatre récits alternés. Ce résumé mais, surtout, cette construction formelle de l'œuvre ouvrira quatre pistes d'interprétation : le voyage intérieur, l'écriture et la douceur, l'invention d'un paysage et l'acceptation de la femme intérieure.

Par cette dernière expression, la *femme* intérieure, je désigne la part féminine que l'homme doit assumer en lui-même. Cette dimension gouverne toute l'œuvre de Jacques Poulin, de diverses manières : que le personnage essaie d'accepter l'*anima*, qu'il récuse l'*animus*, qu'il cherche à dépasser l'agressivité, il montre ainsi les multiples aspects d'une même quête. En particulier, *Les Grandes Marées* et *Volkswagen blues* poseront toute cette thématique de l'agressivité ; mais, pour en revenir au *Cœur de la baleine bleue*, c'est d'abord l'accueil de la femme intérieure qui déterminera le parcours du personnage principal, Noël, et qui donnera aux quatre strates narratives du roman toute leur cohérence.

Petit résumé d'un roman bien accueilli

Avant de résumer *Le Cœur de la baleine bleue*, donnons un aperçu de son accueil par la critique. Le roman a suscité tout au plus une dizaine d'appréciations, généralement très positives.

Ivanhoé Beaulieu traduit le sentiment général en ces termes : « Je suis persuadé que Jacques Poulin a signé, avec *Le Cœur de la baleine bleue*, l'un des romans les plus importants de cette saison [...][1]. » Georges-André Vachon, préparant un panorama de l'année littéraire 1971 avec, sur sa table, 43 romans, dit qu'il a commencé à respirer un peu au vingt-huitième ; il s'agissait, bien sûr, du *Cœur de la baleine bleue* :

> ~ Tout n'est pas réussi, dans le livre de Jacques Poulin, loin de là ! Cette histoire d'opéré du cœur, avec ses références au Père Boulogne, à l'inévitable docteur Grondin, ce roman construit sur une mauvaise, ou en tout cas trop originale

idée de roman, eût pu bien mal tourner. Si le livre respire, et fait respirer, c'est que l'écrivain est là tout entier, avec ses limites. Le plein tire sur le vide, le livre se fait, et, le temps que je mette le point final, la prochaine image à renverser me barre le chemin, sans que je le sache, peut-être[2].

Plutôt que de multiplier les jugements positifs, voyons plutôt ce qui incite l'un des critiques, Réjean Robidoux, à parler du *Cœur de la baleine bleue* comme d'une œuvre de prédilection. Contrairement aux critiques qui gardent pour eux les raisons de leur jugement, Robidoux livre les critères qui gouvernent ses choix. Ainsi, il considère que *Le Cœur de la baleine bleue* « sert de patron discret à deux types en particulier de romans diversement illustrés dans l'année : ceux que je qualifierais sommairement d'allégoriques et ceux dont le sujet est un roman qui se fait ou ne se fait pas[3]. »

D'où provient alors cet intérêt du *Cœur de la baleine bleue* ? La réponse, simple, se pose au centre même de la littérature, de la création littéraire :

> Parmi la cinquantaine d'ouvrages qui constituent la production romanesque de 1970, il en est un, le dernier paru (achevé d'imprimer le 30 décembre), qu'il faudrait placer en abîme comme une sorte de « pôle intérieur », parce qu'il condense excellemment dans ses thèmes, dans sa manière, dans son ambiguïté, dans ses maladresses mêmes, l'interrogation essentielle de toute création littéraire et pourrait à ce titre être mis en relation critique et explicative avec à peu près chacun des romans de l'année [...][4].

Selon Robidoux, le roman de l'époque se caractérise par une allure polymorphe, une forme ouverte ; or, c'est bien le cas ici, car l'histoire, ou plutôt *les* histoires qui forment la trame narrative du *Cœur de la baleine bleue* font rayonner le sens. Ce « roman-feuilleté » en quatre couches narratives donne une œuvre dont le résumé même est un défi : « Il était une fois... Mais est-il possible de résumer une histoire dont les faits se confondent avec des états d'âme, qui échappe à toute tentative de situation chronologique et où l'irréel a plus de densité que le réel sur lequel il se greffe[5] ? »

Pour surmonter la difficulté, pourquoi ne pas demander à l'auteur lui-même de résumer *Le Cœur de la baleine bleue* ?

> C'est l'histoire d'un écrivain de trente ans à qui on greffe le cœur d'une adolescente. Le livre raconte l'évolution qui se produit chez cet homme et dans ses écrits. Le héros, Noël, rencontre une jeune fille de quinze ans et régresse vers le passé, vers son enfance. Finalement, l'enfance rejette le cœur. Pour moi, il y a rejet parce que l'enfance est un pays où on ne peut plus vivre[6].

Toutefois, la simplicité de cette intrigue cache un récit complexe, fait de plusieurs strates narratives ou, si l'on préfère, de plusieurs micro-récits alternés. Cette forme particulière s'explique, entre autres, par la genèse du *Cœur de la baleine bleue*, qui a d'abord été conçu comme un prolongement de *Jimmy*. Paul-André Bourque éclaire cette origine en faisant état d'une conversation avec l'auteur : « Après la publication de *Jimmy*, Jacques Poulin avait entrepris un nouveau manuscrit où il était particulièrement question de ce même petit garçon si attachant [...][7]. » Cependant, insatisfait de cette absence de renouvellement, Poulin décide d'écrire une histoire portant sur les greffes du cœur. « Sans qu'il ne s'en rende vraiment compte, son « greffé » n'était rien de moins que le romancier-en-train-d'écrire-l'histoire-de-Jimmy [8]. » Cette histoire se composait de courts chapitres, close par une plus longue séquence où Noël rencontrait Charlie. Poulin aurait alors décidé d'insérer le récit de la rencontre entre Noël et Charlie dans le récit de base, celui de la greffe du cœur. Quant à la suite de l'histoire de *Jimmy*, elle sera elle aussi incorporée dans les autres récits qui composent *Le Cœur de la baleine bleue*.

En réalité, *Le Cœur de la baleine bleue* intercale quatre récits qu'il faut bien distinguer, non seulement pour en faire un résumé valable mais aussi, on le verra bientôt, pour mieux pénétrer la dynamique de son sens.

1. Le premier récit forme la base des trois autres par son étendue. Il s'agit de l'histoire des relations entre Noël, sa compagne Élise et, par la suite, Bill, joueur de hockey avec qui Élise partira, laissant Noël seul. Ce récit commence au moment où Noël a déjà été opéré, vivant désormais grâce à un cœur de jeune fille. Noël connaît, en plus des difficultés physiques, des changements psychologiques majeurs : il part à la recherche du pôle intérieur de lui-même, expression qui revient à plusieurs reprises dans le roman.

   Quel est-il, ce pôle intérieur qui appelle un voyage symbolique ?

   Il faudra beaucoup de temps pour que Noël comprenne que « le pôle intérieur, c'était l'enfance » (191). Douceur, enfance, mort : tout se confondra à la fin pour Noël qui, comme Jimmy, sera lui aussi rejeté par son enfance. Abandonné d'abord par sa compagne Élise, puis par sa propre enfance, Noël prend, à la fin du roman, une grenade dans les mains. Cette image de violence et de mort appelle le deuxième récit.

2. La deuxième strate narrative fait se rencontrer Noël et Charlie la baleine bleue. Cette rencontre inopinée, survenant au moment où Noël erre dans le Vieux-Québec, est déterminante ; elle permet à Noël de retrouver son enfance et, surtout, de pouvoir dire : « Je suis totalement responsable de moi maintenant. » (173) Ce récit contient beaucoup d'allusions à *Mon cheval pour un royaume* dont, entre autres, la présence de Simon le caléchier. Il adopte

également le même ton narratif que le premier roman de Poulin, car, hésitant entre la réalité et le rêve, il conduit Noël, si l'on peut dire, à son dernier repos : un sentier, une falaise, l'absence de mouvement, la paix et, bien sûr, la mort édifient le paysage où Charlie et Simon amènent Noël. Ce dernier a terminé son voyage vers l'enfance et… le rejet. C'est dans ce récit qu'apparaissent à la fin les images de violence ; une grenade, comme un cœur qui éclate, appuie le leitmotiv du roman, l'enfance qui rejette le cœur.

3. Noël vient d'être opéré par le docteur Grondin. Or, le troisième palier narratif du *Cœur de la baleine bleue* est consacré aux relations entre le docteur et son patient. Aurons-nous alors un bulletin de santé périodique ? Dans un certain sens oui, mais les conversations entre le docteur Grondin et Noël sont avant tout psychologiques, intérieures ; tous deux discutent de l'écriture, de l'enfance, de la mort, des émotions apportées par le cœur de jeune fille. En fait, dans ce récit, la teneur narrative, c'est-à-dire là où s'y raconte quelque chose, a la portion congrue. Il s'agit plus d'un discours, d'un échange d'idées qui revêt néanmoins une grande importance dans l'ensemble du roman.

4. Enfin, le quatrième volet narratif, c'est celui de Noël écrivain ou, pour être plus juste, celui du récit que Noël s'efforce d'écrire. Mais rien ne lui est facile ! Noël révèle au docteur Grondin que ses récits débutent le plus souvent par une image et que, depuis l'opération, l'image suivante le poursuit. Un jeune garçon en costume de cowboy a attaché à une chaise une fillette aux tresses blondes : « Il a décidé de la violer » (22). Ce jeune garçon, Jimmy, lui dit qu'il veut l'agresser « [p]our avoir la paix » (40). Je reviendrai plus loin sur la signification de ce quatrième récit.

De l'importance de ces quatre récits alternés

Les quatre micro-récits[9] qui structurent *Le Cœur de la baleine bleue* ne sont pas successifs, mais plutôt alternés, s'interrompant les uns les autres pour tracer une sorte de ligne discontinue. Afin de saisir leur importance quantitative et leur distribution dans l'espace du texte, il faut non seulement les identifier, mais aussi déterminer à quels endroits ils se présentent ; bien voir, en d'autres mots, le chassé-croisé de ce quatuor narratif. Voilà ce que l'on trouve dans la configuration qui suit, où R1, R2, R3 et R4 renvoient respectivement aux récits de Noël et Élise, de Noël et Charlie, de Noël et du docteur Grondin et, enfin, de Jimmy et de sa prisonnière.

R1	R2	R3	R4
9-16 (8)[10]	17 (1/2)	17-18 (2)	40-43 (4)
25-32 (8)	19 (1/2)	19-24 (6)	76-84 (8)
33-38 (6)	24 (1/2)	52-63 (11)	
44-51 (8)	32 (1/2)	173-187 (14)	
64-73 (10)	39 (1/2)		
88-94 (7)	51-52 (1)		
100-118 (18)	63-64 (1)		
123-140 (17)	73-76 (3)		
147-164 (17)	84-88 (4)		
	95-100 (5)		
	118-123 (5)		
	140-147 (7)		
	164-173 (10)		
	187-201 (14)		

La longueur de chaque micro-récit apparaît clairement :

R1 :	99 pages,	soit 50,4 % du roman ;
R2 :	52,5 pages,	soit 26,7 % du roman ;
R3 :	33 pages,	soit 16,8 % du roman ;
R4 :	12 pages,	soit 6,1 % du roman.

En outre, une seconde remarque, déterminante, concerne le sens de chacun des micro-récits. En effet, on aura constaté, mis à part leur étendue relative, un dénominateur commun à tous ces micro-récits : chaque segment qui compose un micro-récit prend, au fur et à mesure, une extension textuelle croissante. Ainsi pour R1, le segment initial comprend 8 pages et le dernier, 17 pages ; la même progression caractérise R2, R3 et R4. Ce fait apparaît clairement dans le diagramme qui reproduit, à échelle constante, l'étendue de chacun des segments des micro-récits :

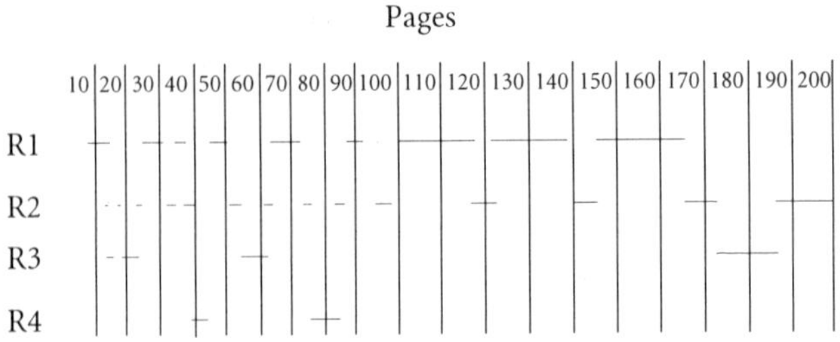

On voit nettement, en suivant chaque ligne horizontale, l'allongement de chacun des quatre micro-récits. Mais comment ce fait nous permet-il de pénétrer le sens du *Cœur de la baleine bleue* ? Cet accès à la signification s'inscrit dans deux axes : un premier, théorique, montrera l'importance des récits alternés dans tout récit, et un second, lié plus particulièrement au *Cœur de la baleine bleue*, découlera tout naturellement de ces prémisses.

Faisons d'abord le point sur le procédé même des récits alternés comme producteur de sens. Roland Bourneuf a consacré à cette structure narrative un article éclairant, où il pose d'abord une définition qui nous guidera : « on ne peut parler d'alternance que si les deux récits se développent au cours d'apparitions successives et s'ils jouissent d'un statut à peu près égal[11]. » Toutefois, en plus de cette définition qu'il illustre par d'abondants exemples, Bourneuf insiste sur un fait à son avis essentiel : « l'alternance crée le sens[12]. » Cette circulation du sens est produite par un apport propre à chaque micro-récit. Ici, « les deux récits [...] correspondent à deux activités, à un degré d'intériorité ou à des niveaux de conscience différents dans la vie des personnages quand ceux-ci se retrouvent dans les deux récits [...] ou à des registres divers de l'aventure [...][13]. » Là, « entre ce récit A et ce récit B s'opère une traversée du miroir des apparences : le récit imaginaire et onirique qui ne semble au début qu'une série de parenthèses devient peu à peu la vraie réalité trouée seulement par quelques rappels au quotidien[14]. »

Ces propos nous rapprochent — que dis-je ? — nous plongent au cœur même du sens du roman, car cet axe théorique l'éclaire singulièrement.

À cette fin, je rappelle d'abord la progression quantitative de chacun des quatre micro-récits ; et on peut certainement postuler qu'à cet accroissement correspond une progression thématique. Pour le démontrer, je vais examiner chacun des micro-récits et qualifier leur contribution à la progression thématique aussi bien que narrative, leur donnant ensuite l'appellation qui semble la plus convenable.

Le récit 1. Il s'agit ici de ce qu'il est généralement convenu d'appeler le « récit premier », non seulement parce qu'il ouvre *Le Cœur de la baleine bleue*, mais aussi parce que les autres se définissent à partir de lui. Sa dynamique principale est celle du voyage intérieur. Dans ses discussions avec Élise, Noël revient constamment sur cette parole d'André Breton : « Partir pour le pôle intérieur de soi-même » (31). Quelle est l'issue de ce voyage ? En quoi les autres micro-récits y mènent-ils ? Ces questions seront abordées plus loin. Pour l'instant, je propose simplement de nommer ce premier récit le *récit référentiel.*

Le récit 2. Le deuxième micro-récit s'apparente à ce que Bourneuf a dit plus haut, mais par un cheminement inverse.

D'abord présenté par à-coups, le récit des relations entre Noël et Charlie prend de l'ampleur mais, notons surtout ce fait, passe du réalisme de leur première rencontre à l'imaginaire de la fin violente de Noël. Le deuxième récit peut, pour cette raison, être qualifié de *récit onirique.*

Le récit 3. J'ai déjà commenté la nature particulière de ce récit, qui raconte peu de choses. Récit de paroles plus que d'événements, la troisième strate est constituée par les conversations entre le docteur Grondin et Noël, au sujet des principaux thèmes présents dans le roman. Comment ne pas le nommer, alors, le *récit thématique* ?

Le récit 4. Si bref soit-il (deux séquences totalisant douze pages), ce récit ne peut être omis. Noël est écrivain, et ce récit exprime toute l'ardeur et la difficulté de son travail d'écriture. Jimmy, qui voudrait violer sa jeune prisonnière, représentera ici le *récit de la création.* On verra plus loin pourquoi.

S'il est vrai que chaque récit contribue à donner son sens au *Cœur de la baleine bleue,* il convient alors de les examiner tour à tour, et de faire apparaître, pour chacun, sa contribution propre.

Le récit référentiel : l'invitation au voyage

Il n'est pas indifférent que ce soit un cœur de jeune fille qu'ait reçu Noël ; car celui-ci se demande si les émotions de cette adolescente sont compatibles avec les siennes (55). Noël ressent en effet une « espèce de douceur » (61) qui l'habite, au point que le docteur Grondin lui dit :

— Vous avez peur de votre cœur de jeune fille ?
— Oui.
— Pour des émotions qu'il vous apporte ?
— Exactement. (61)

Une mutation, un voyage pour mieux dire, s'est amorcé intérieurement depuis que, par une opération chirurgicale, un homme s'est vu greffer la part féminine qu'il avait jusque-là refusée. Plus encore, Noël en est à se demander s'il n'avait pas besoin depuis longtemps de cette femme intérieure : « Tout à coup une idée insidieuse : mon corps acceptait le cœur de jeune fille... il en avait besoin avant même l'opération... une vieille histoire qui remontait à mon enfance et tout... » (45).

Le récit référentiel laisse apparaître le sens du *Cœur de la baleine bleue* : le voyage vers le pôle intérieur de soi-même, l'accès à un nouveau continent, féminin en l'occurrence. Cette mutation fera de lui un assoiffé de paix, de tendresse, car Noël n'a « pas toujours été doux » (185).

Et sa compagne Élise dans ce voyage, que fait-elle ? « C'est entendu, consent-elle, je te laisse faire le voyage tout seul. D'accord. Mais moi, je t'attends à la sortie. »(32) Ce n'est pourtant pas ce qui se passera : elle s'éloignera petit à petit de Noël pour se rapprocher davantage d'un homme (apparemment) violent, dur, le joueur de hockey Bill. C'est ainsi que, plusieurs mois plus tard, Élise et Noël reprendront leur conversation sur le voyage de ce dernier, faisant apparaître ce fait très clair qu'Élise ne sera pas à la sortie, comme elle l'avait pourtant promis. Elle confond, dans ce voyage, le pôle nord avec le pôle intérieur de soi-même, et André Malraux avec André Breton comme auteur de cette phrase sur le voyage intérieur. Noël sent qu'il ne peut plus compter sur elle. Loin de le suivre dans cette nouvelle naissance, elle l'écarte de son chemin et part tout de suite après avec Bill.

Le récit référentiel amorce donc, par la greffe de la femme intérieure qui était « la douceur même » (185), le parcours qui conduira Noël à tenter d'assumer une nouvelle hybridité personnelle. Cette naissance ne pourra cependant s'accomplir avec Élise, qui refuse l'invitation au voyage. Le récit onirique permet, lui, ce nouvel accomplissement.

Le récit onirique : l'invention d'un paysage

Dans *Mon cheval pour un royaume*, il était question de l'espace de la quête où des lieux, particulièrement le haut, le bas et le sentier, désignaient un paysage humain, celui de l'équilibre entre la part masculine et la part féminine du narrateur Pierre Delisle. Dans *Jimmy*, la configuration du chalet reprend la même orientation structurante, Papou se réfugiant au grenier et Mamie occupant le bas. Toutefois, comme on le sait, cette structure précaire sera anéantie par la marée. Dans *Le Cœur de la baleine bleue*, le même paysage symbolique gouverne la progression, voire l'issue de l'intrigue.

Il faut d'abord noter l'importance de la création d'un paysage, d'un espace chez Poulin. Ainsi, parlant de son roman qui met en scène Jimmy, Noël ne manque pas de noter : « Je rêvais. Je n'apercevais toujours pas l'ensemble du paysage [...] » (42). Cette constitution d'un espace ne doit pas nous leurrer : elle désigne bel et bien un idéal d'édification intérieure, une ossature de l'être qui s'impose de plus en plus à Noël, avec la progression de l'ensemble du roman. D'ailleurs, le narrateur le sait bien :

> ~ Depuis quelque temps, je n'avais plus qu'à fermer la fenêtre, m'asseoir à ma table, allumer une cigarette, prendre mon stylo et je me retrouvais sans effort au milieu de mon monde imaginaire (102). ~

Ne peut-on pas déjà deviner les éléments qui composent ce « monde imaginaire » ? Il s'agit évidemment d'un « paysage » où se trouve, « sur le haut de la falaise », une maison ; en bas, l'eau, la chaleur, les chats et entre les deux, le sentier. « J'avais l'impression, dit Noël, de reconstituer, morceau par morceau, un immense casse-tête » (102-103). Or, chaque fois qu'il y revient, car ce paysage est itératif, Noël s'y sent de plus en plus à l'aise ; ce qui l'inquiète, toutefois, c'est la douceur, la paix qu'il ressent lorsqu'il se donne l'impression d'être assis au pied de la falaise et que « la pensée de plus en plus fréquente qu'il pouvait y avoir quelque rapport secret entre la douceur et la mort » (103) s'incruste dans son esprit.

Cette séquence appelle plusieurs interprétations, mais je privilégie la suivante. Se réfugiant uniquement dans le bas du paysage, c'est-à-dire dans la part féminine de lui-même, Noël ne parvient pas à faire l'équilibre entre le haut et le bas, entre le pôle mâle et le pôle femelle. D'ailleurs, cette quête de l'harmonie spatiale, dans *Les Grandes Marées*, ne se réalisera que pour un bref moment, comme on le verra plus loin, ce qui appuie cette interprétation. En outre, tout indique que Noël se méprend sur le sens à donner, dans son voyage intérieur, au bas : il y voit, pour renouer avec la femme, un retour à l'enfance, retour qui ne peut être qu'un échec. Mais avant de renforcer cette dernière idée, il faut revenir à la structure des récits alternés et du voyage intérieur.

Ce voyage vers le pôle intérieur de soi-même se fait, chez Poulin, dans un espace symbolique incontournable ; voilà ce que les exemples précédents ont voulu montrer. On aura toutefois noté une incongruité : ces deux exemples étaient tirés, le premier du récit référentiel, le second du récit de la création. Et ce n'est pas un hasard. En effet, dans les échanges entre micro-récits, échanges qui font progresser le sens, le récit référentiel et le récit de la création posent les *conditions* du sens, c'est-à-dire la structuration d'un espace qui permettra à Noël d'entreprendre son voyage, et au roman tout entier de donner une direction à cette quête. En cela, les limites sémantiques du récit référentiel et du récit de la création sont dépassées par le récit onirique. Voilà, certes, qui mérite un peu plus d'explications.

Dans la dynamique des récits alternés, comme l'a indiqué Bourneuf, le récit qui relève davantage du monde rêvé peut, en cours de route, devenir le *vrai* récit, celui où réussit à s'évader une signification emprisonnée dans le récit réaliste, référentiel. C'est bien ce qui se passe ici, puisque c'est par et dans ce paysage que

Noël réussira à poursuivre son cheminement intérieur. Cependant, ce paysage trouvera sa plénitude lorsqu'il sera pris en charge par le récit onirique.

Sur le plan du récit référentiel et du récit de la création, le paysage représentait une composante, parmi d'autres, de la quête de Noël. Dans le récit onirique, il *est* le récit même, dont il oriente et gouverne la finalité.

On se rappelle que, dans ce récit, Noël a d'abord fait la connaissance de Charlie, la baleine bleue, le pendant de l'adolescente qui a donné son cœur à Noël. Après l'avoir pour ainsi dire apprivoisé, Charlie parle à Noël de son univers : elle s'est liée d'amitié avec Simon, le caléchier — que nous connaissons, bien sûr — (75), elle a eu un jour une histoire avec un homme (120), elle est à la fois douce et vulnérable. Or, plus nous avançons dans ce micro-récit, plus sa nature onirique ressort. Charlie entraîne à son tour Noël dans le paysage connu :

> ~ Avant de s'endormir, elle a parlé d'un sentier qui descendait la falaise entre le village de Saint-Nicolas et la grève, et j'ai senti qu'il allait bien dans mon histoire. Alors j'ai compris que la douceur était le sentier qui menait à la mort et aussi que la mort était comme le fleuve. (144) ~

Il n'y a rien d'étonnant, par conséquent, à ce que la dernière séquence du *Cœur de la baleine bleue* soit prise en charge par le récit onirique, car tout conduisait à cette fin.

Dans cette scène finale, Charlie amène Noël dans ce paysage qu'il essaie de construire depuis le début de son aventure intérieure. Elle a conduit Noël au haut d'une falaise, à Saint-Nicolas, et c'est là que Noël voit s'ouvrir un étroit sentier qui descend vers une maison d'enfants :

> ~ Ce paysage qui m'habite depuis toujours et dont je vais bientôt voir l'ensemble, ce n'est rien d'autre que l'enfance elle-même. Je le sais maintenant : le pôle intérieur, c'était

> l'enfance. Alors je comprends que Charlie, qui vit tout près de la sienne, ait pu m'aider à franchir cette dernière étape [...]. Finalement c'est mon enfance qui me rejette ; c'est drôle, à présent j'ai l'impression que je l'ai toujours su. (191)

Noël et Charlie se rendent, par ce sentier « étroit, tortueux, glissant » (193), jusqu'à la grève où apparaissent une maison et, il fallait le prévoir, Simon. En vérité, Noël a été conduit à son dernier repos, à la grande douceur d'une enfance retrouvée. Mais ce ne sont là qu'apparences, puisque Noël fera éclater son cœur, qu'il avait souvent comparé à un oiseau captif, qui est maintenant « un oiseau en liberté » (201).

L'enfance, un pays où on ne peut plus vivre, avait dit Jacques Poulin dans le bref aperçu qu'il avait donné de son roman ? Oui, bien sûr, et la fin du *Cœur de la baleine bleue*, assumée par le récit onirique appuyé en cela par deux autres micro-récits, va tout à fait dans ce sens. Mais *Le Cœur de la baleine bleue* n'est-il en cela qu'un remake de *Jimmy* ?

Pas du tout, car dans *Le Cœur de la baleine bleue*, en plus de l'impossibilité d'un retour à l'enfance se dessine le rapport à la femme intérieure. Or, ce rapport demeure pour l'instant irrésolu, tâche qui reviendra au récit de la création. Mais avant d'étudier ce quatrième récit, jetons quelque lumière sur le troisième micro-récit, le récit thématique.

Le récit thématique : l'écriture et la douceur

Dans ce récit, il ne se passe pour ainsi dire rien, si l'on entend par là une suite d'événements. Faut-il rappeler que ce troisième récit alterné comprend seulement quatre séquences faisant en tout 33 pages ?

S'y trouvent en fait des discussions entre le docteur Grondin et son patient, Noël. Ces derniers parlent très peu de questions médicales, leur préférant des sujets qui ont évidemment des résonances dans les autres micro-récits : le sens de l'écriture (21, 181), l'image comme origine d'un roman (21-22), la douceur et la mort (24, 41, 184-185) et, bien sûr, l'enfance et le rejet (22-23, 62).

Ce récit thématique active un échange du sens et resserre ainsi l'interprétation. Essentiellement traité sur le mode interrogatif, il instaure un discours d'idées qui s'apparente souvent à une maïeutique dirigée le plus souvent par le médecin.

Même s'il y a peu à dire sur ce récit de discussions, il ne faut pas en sous-estimer la fonction. Car *Le Cœur de la baleine bleue* s'apparente en quelque sorte à un genre ancien, le roman d'apprentissage. Dans ce type d'œuvre, le héros vit une expérience de connaissance de soi qui l'amène ensuite à être prêt à entrer dans le monde, à faire sa niche sociale. Bien sûr, Noël ne s'apprête pas à conquérir un espace social, sa quête étant d'une tout autre nature. Cependant, quand il dit à la fin : « Je le sais maintenant : le pôle intérieur, c'était l'enfance » (191), il révèle une connaissance de soi qui le mènera au seuil d'un univers autrement plus troublant que la vie sociale, le monde même de la mort. Or, dans ce parcours du héros, le récit thématique pose les balises de l'itinéraire cognitif, et c'est de cette manière qu'il contribue au sens.

Toutefois, la longueur importe peu : le récit de la création, dont les deux séquences ne couvrent que douze pages, est, pour terminer, l'une des clefs essentielles non seulement du *Cœur de la baleine bleue*, mais de plusieurs autres romans à venir.

Le récit de la création

Noël écrivain est habité par un roman dont il parle au docteur Grondin, lorsque ce dernier lui demande de quelle manière commencent ses œuvres : « Le plus souvent c'est une image, dis-je. Mais il faut la laisser pourrir lentement » (21). Et Noël décrit une image singulière qui le poursuit depuis l'opération :

> Alors je lui décrivis, telle que je la voyais quelque part au bord du fleuve, au fond d'un jardin abandonné, l'espèce de maison d'enfants et, à l'intérieur, ficelée sur une chaise, la petite fille aux tresses blondes, et le jeune garçon en costume de cowboy.
>
> [...]
>
> — Il a décidé de la violer...
>
> [...]
>
> — ... pour avoir la paix. (22)

Image centrale du féminin non assumé, ce récit contient en creux tous les autres ! Rappelons la dernière séquence, les dernières pages du *Cœur de la baleine bleue* : Simon et Charlie ont amené Noël dans une petite maison où se trouvent le Chanoine (le chat dans *Jimmy*) et Jimmy lui-même, qui est en fait un polichinelle. La marée a commencé de remonter, car rien n'est innocent chez Poulin, et Noël prend la grenade dans sa main.

Cette violence, tuerie de l'enfance, est bien celle qui marque le récit de la création, où par ailleurs la jeune prisonnière n'est pas sans rappeler Mary, dans *Jimmy*. Elle est l'enfance, il n'y a pas à revenir là-dessus ; mais elle est aussi femme, cette part de lui-même que Jimmy veut agresser. Les deux séquences du récit de la création (p. 40-43 et p. 76-78) appellent cette lecture et, disons-le tout de suite, cette quête qui traversera toute l'œuvre poulinienne, dont le point culminant sera *La Tournée d'automne*, du refus à l'acceptation de la femme. L'homme, chez Poulin, doit conquérir cette « aptitude à la femme », dont le récit de la création révèle l'immense difficulté.

Dans la première séquence, Jimmy veut violer sa jeune prisonnière, qui lui rétorque candidement : « Et... ça veut dire quoi, violer ? » (40). Jimmy est décontenancé par cette repartie, et Noël, en conséquence, n'arrive plus à poursuivre son récit : « C'est là que l'histoire m'échappait. » (40). Car l'ennemi de Jimmy, et de Noël par conséquent, c'est « une grande vague de douceur » (41) qui contrarie complètement la volonté oppressante du jeune enfant.

La seconde séquence s'avère d'autant plus éclairante qu'elle a une résonance intérieure chez Noël lui-même. Mais d'abord, c'est l'abandon de sa nature agressive de cowboy qui continue d'ébranler Jimmy. Il a beau se donner une contenance, se rouler une cigarette, faire craquer l'allumette et se prendre ainsi « pour un authentique cow-boy » (77), sa prisonnière lui assène cette phrase assassine : « Tu ne sens même pas le cheval ! » (77). Alors Jimmy entame un dialogue avec la jeune fille, lui parlant de son père, refusant cependant d'en faire autant pour sa mère, partageant même avec elle Nestlé Quick et biscuits. Finalement, il détache sa prisonnière, et lui pose une toute petite question : « Tu es née sous quel signe ? » (82) Balance, lui répond-elle.

Et c'est justement ce signe qui rejoint non pas Jimmy, mais Noël. Noël est en effet Balance, signe qu'on aurait tort de réduire au Zodiaque. Le greffé du cœur ne balance-t-il pas depuis son opération entre la partie homme et la partie femme de lui-même ? Ne cherche-t-il point l'équilibre entre l'*animus* et l'*anima* ? En tout cas, Noël vient de comprendre à quel point Jimmy et sa jeune prisonnière sont *en* lui :

> ~ Bien sûr, c'était moi, né sous ce signe, qui en possédait le caractère hésitant et même cette double personnalité. En suivant le fil de cette histoire, j'étais parti sans le savoir à la recherche de moi-même, je remontais à la source et je soupçonnais ces deux jeunes personnages pour qui j'avais souhaité une aventure brutale mais qui en étaient bientôt venus à se traiter comme frère et sœur, de n'être que le double reflet de celui que les journaux avaient appelé impudemment « L'homme au cœur de jeune fille ». (83) ~

Apprécions cette découverte de Noël, qui voit dans la brutalité de Jimmy une impasse, mais qui est aussi quelque peu dérouté par le lien frère-sœur qui le remplace. L'homme au cœur de jeune fille sent bien que le viol de la femme qu'il porte en lui le condamne à devenir une Balance déréglée, un être bancal. Mais comment tourner le dos à la violence ? Comment accueillir la femme intérieure ? Poser la question, pour Noël, ce n'est pas y répondre puisque, « de moins en moins lucide » (83), il continue à écrire péniblement, peureusement. À la fin, il prendra le chemin de la violence, faisant éclater surtout les images de l'impossible régression vers l'enfance. Mais la femme est toujours là, qui attend d'être comprise, c'est-à-dire, plus que jamais, d'être prise par soi-même et en soi-même.

Une baleine, ce n'est pas la fin du monde...

Les propos qui précèdent offrent-ils assez de pistes pour lire *Le Cœur de la baleine bleue* et bien comprendre cette œuvre dans la grande cohésion des huit romans de Jacques Poulin ? Et cette nouvelle donne appelle-t-elle d'autres textes qui approfondissent certains thèmes ?

Rappelons d'abord les lignes essentielles qui gouvernent *Le Cœur de la baleine bleue*. Par la dynamique de ses quatre micro-récits, chacun contribuant de son statut particulier, *Le Cœur de la baleine bleue* explore le voyage d'un personnage vers le pôle intérieur de lui-même. Chaque micro-récit édifie cette signification, tant par sa fonction propre que par son lien avec les récits voisins.

Ainsi, le récit référentiel pose la thématique du voyage intérieur, mais il revient au récit onirique de le mener à terme. Par contre, toute la problématique de l'invention d'un paysage, centrale chez Jacques Poulin, est d'abord prise en charge par le récit onirique (42), transmise au récit référentiel (102) et retournée au récit onirique (144). Quant au récit de la création, il est d'abord évoqué dans le récit thématique (22) pour ensuite acquérir son autonomie, bien que Noël lui donne un net caractère autobiographique (83).

À cet égard, l'on n'est pas loin de croire que le récit mettant en scène Jimmy et sa prisonnière revêt une valeur spéculaire, en ce sens qu'il réfléchit, en miniature, *Le Cœur de la baleine bleue*. Il dégage l'articulation signifiante et appelle l'issue fatale du roman. Enfin, le récit thématique est une sorte de version dubitative et interrogative de ce que le récit référentiel établit comme assertion, c'est-à-dire la quête du pôle intérieur, et que le récit onirique transporte dans l'imaginaire.

Lire *Le Cœur de la baleine bleue* c'est donc, me semble-t-il, cerner le dialogue de sens qui se passe entre les quatre micro-récits. Je n'insisterai pas sur *les* sens possibles d'une œuvre, tellement ce truisme tombe... sous le sens. Cependant, pour mieux comprendre la place du *Cœur de la baleine bleue* dans l'ensemble de l'œuvre de Poulin, je crois qu'il importe de terminer sur la figure même du titre, celui de la baleine.

La baleine est un mammifère dont le symbolisme traverse presque toutes les civilisations, de l'Inde jusqu'à l'Ouest canadien. Dans la Bible, Jonas refuse d'accomplir la mission que Yahvé lui avait confiée et se voit engloutir par l'animal fabuleux ; après trois jours « dans les profondeurs, au cœur de la mer[15] », Jonas est rejeté par la baleine et renaît à une nouvelle vie. Dans la plupart des civilisations, la baleine représente d'une certaine façon chaque « individualité dans la mesure où elle contient le germe de l'immortalité en son centre, représenté symboliquement contre le cœur[16]. » Si la baleine est un lieu de passage, de transformation, le cœur, lui, dans sa structure même, évoque les principes féminin et masculin.

> ~ [René Guénon] a observé que le cœur avait la forme d'un triangle inversé. Comme les symboles qui revêtent cette forme, le cœur se référait en principe passif ou féminin de la manifestation universelle... tandis que ceux (les symboles) qui sont schématisés par le triangle droit se rapportent au principe actif ou masculin[17]. ~

C'est sur cette image ambiguë que nous laissons *Le Cœur de la baleine bleue* ; image ambiguë mais, surtout, en attente d'achèvement. Les mots, écrit Noël, sont « un rite de passage » (84) ; pourquoi ne pas considérer, alors, que le roman *Le Cœur de la baleine bleue* est, dans l'œuvre de Jacques Poulin, une baleine, un lieu de passage par les mots ? Cette façon de voir apparaît d'autant plus importante que le roman ne se termine pas par la résurrection de Noël, mais par sa mort. Toutefois, son voyage à l'intérieur de soi n'aura pas été entièrement inutile puisque Noël se sent désormais responsable de lui-même. Une baleine, ce n'est pas la fin du monde ; c'est, ici du moins, un rite de passage.

Parler de passage, c'est évoquer l'espace. Un rite de passage analogue marquera un moment déterminant dans *La Tournée d'automne*, lorsque Marie et le Chauffeur prendront un traversier qui, comparé justement à une baleine, changera la direction de leur parcours du Nord vers le Sud. Quoique discrète, l'invention d'un espace amoureux imprègne en outre de sa présence les deux principaux micro-récits. Le récit référentiel repasse dans un espace familier ; en effet, déambulant dans le Vieux-Québec, Noël parle d'une rue presque comme d'une femme : « je me tournai vers elle : la rue de la Fabrique » (36). Le mouvement qui suit était prévisible : « Lentement je me laissai entraîner par la pente de la rue et je me rendis compte graduellement que l'air s'était encore adouci, qu'il y avait une sorte de tendresse dans la lumière [...] » (37-38). Quant au récit onirique, il nous a donné à voir, à rêver devrais-je dire, un espace Haut / Bas, un « paysage qui m'habite depuis toujours » (191) ainsi que le dit le narrateur. Haut et bas, descente, baleine : gardons précieusement ces figures de l'espace, de plus en plus présentes, obsédantes même.

Toutefois, la quête est loin d'être achevée ! Si *Mon cheval pour un royaume* a posé les pistes, *Jimmy* et *Le Cœur de la baleine bleue* ont fermé celle de la régression à l'enfance, en même temps qu'ils ont indiqué combien difficile est l'acceptation de la femme intérieure. Et quel chemin il reste à parcourir pour se lier à la femme hors de soi, ce qui ne sera accompli que dans *La Tournée d'automne !*

Notes

1. Ivanhoé Beaulieu, « Sans craindre le rejet », *Le Soleil* (30 janvier 1971), p. 46.

2. Georges-André Vachon, « Le roman : une littérature qui se louisianise ? », *Études françaises*, 7, 1 (novembre 1971), p. 416-417.

3. Réjean Robidoux, « Romans, récits, nouvelles, contes », *University of Toronto Quarterly*, XL, 5 (été 1971), p. 424-425.

4. *Ibid.*, p. 424.

5. Gabrielle Poulin, « Un roman piégé », *Relations*, 371 (mai 1972), p. 154.

6. Micheline Handfield, « *Le Cœur de la baleine bleue*, l'histoire d'une enfance inaccessible », *Québec-Presse* (17 janvier 1971), p. B-18.

7. Paul-André Bourque, « La fascination de l'enfance, de la tendresse et de la mort chez Jacques Poulin, ou la recherche de l'androgyne absolu », *Nord*, 2 (hiver 1992), p. 79.

8. *Ibid.*

9. Dans ce chapitre, j'appellerai micro-récits chacun des petits récits qui composent le roman. Ces récits juxtaposés sont tout à fait différents de ceux que l'on verra dans *Faites de beaux rêves*, qui sont enchâssés dans un récit premier. Dans ce dernier cas, il s'agira de métarécits. Les micro-récits sont coordonnés, les métarécits, subordonnés.

10. Les premiers chiffres, ici 9-16, indiquent les pages du texte où se trouve le passage ; le chiffre entre parenthèses indique le nombre de pages que comporte cette section. Même pour une brève section, je n'ai pas indiqué moins d'une demi-page.

11. Roland Bourneuf, « Un procédé narratif : les récits alternés », *Revue canadienne de littérature comparée*, 2, 2 (printemps 1975), p. 131. Il est évident, à la lumière de cette définition, que dans *Le Cœur de la baleine bleue*, les récits 3 et 4 n'ont pas le même statut, mais j'ai quand même choisi de les inclure avec les réserves qui s'imposent parce que, dans l'économie du sens, on verra bientôt leur caractère incontournable, et cela en particulier pour le quatrième récit.

12. *Ibid.*, p. 137.

13. *Ibid.* p. 134.

14. *Ibid.* p. 135.

15. *Livre de Jonas*, 2, 4.

16. Jean Chevalier et Alain Gheerbrant, *Dictionnaire des symboles*, p. 102 (en italique dans le texte).

17. *Ibid.*, p. 266.

Faites de beaux rêves : jeux de rôles et jeux de mots, impasses et inachèvement

Joie de jouer ! paradis des libertés !

Saint-Denys Garneau, « Le jeu ».

L'œuvre de Poulin ressemble à une sorte de spirale qui reprend et approfondit quelques thèmes fondamentaux ; mais il se trouve que ces reprises ne lassent pas lorsqu'elles concernent la vie et la mort, l'agressivité et la douceur, le lien amoureux entre la femme et l'homme. N'est-ce pas, d'ailleurs, ce que nous ont appris les trois premières œuvres ? Ainsi, quoique *Mon cheval pour un royaume* contienne en creux presque toutes les obsessions de Jacques Poulin, il n'en demeure pas moins que la femme et l'enfance y occupent une place prépondérante ; quant à *Jimmy*, il est tout entier construit, dans ses thèmes et particulièrement par la représentation de l'espace, par la disparition de l'enfance. Enfin, *Le Cœur de la baleine bleue* explore le voyage vers le pôle intérieur, féminin de l'homme, ainsi que les liens entre l'enfance, la douceur et la mort.

Reste à savoir ce qu'un roman comme *Faites de beaux rêves*, dont l'essentiel du propos est (ou semble être) la course automobile, peut maintenant apporter comme approfondissement à ces questions ! Une histoire qui, se déroulant sur quatre journées, raconte les préparatifs de trois personnages, Théo, Limoilou et Amadou, en vue de la course des Formules I, voilà bien une situation peu propre à maintenir la « spirale poulinienne »...

À la vérité, il faut chercher ailleurs que dans cette histoire de course automobile l'intérêt de *Faites de beaux rêves*. Paul Socken propose quelques pistes pour définir l'apport de ce quatrième roman :

> ~ [...] puisque le cadre est une piste de course, l'imaginaire aqueux, présent partout ailleurs chez Poulin, est pour ainsi dire absent ici. À cela s'ajoute une satire subtile de problèmes contemporains (aspect qui sera central dans *Les*

Grandes Marées), une intensification du motif de la légende indienne, et une discussion du rôle de l'Amérique comme terre promise, ces deux derniers points jouant un rôle proéminent dans *Volkwagen blues*[1].

Motif de la légende indienne, discussion sur l'Amérique : il est juste de dire que les personnages parlent, et beaucoup, dans *Faites de beaux rêves*. Innombrables sont les « récits de paroles » : Théo rapporte les courses antérieures auxquelles il a assisté, Limoilou raconte la Légende de l'Amérique, Amadou fait part de son rêve comme gardien de but au hockey. Sur un fond de jeu, celui de la course, les personnages eux-mêmes jouent, soit à simuler la réalité comme Théo faisant « le geste de manipuler un levier de vitesses en même temps que le pilote » (48), soit à l'imaginer par leurs récits : « On passe notre temps à inventer toutes sortes d'histoires » (147), dit Amadou.

Le jeu est donc au centre même de *Faites de beaux rêves* : « les trois personnages jouent, jouent sans cesse, essayant de se faire croire mutuellement que le jeu est tout-puissant [...][2]. » Et, tout en assistant à un jeu et en jouant eux-mêmes des rôles, les trois personnages plongent dans le grand jeu des mots, racontant des histoires, de courts récits à l'intérieur du récit de base, qu'il convient d'appeler des *métarécits* : « C'est surtout à partir de *Faites de beaux rêves* que s'affirme le métarécit dans l'œuvre de Poulin[3]. » Les jeux de rôles et les jeux de mots indiquent la voie à suivre, malgré leurs impasses et leur inachèvement, pour tenter de comprendre quels sont au juste ces « beaux rêves » si fragiles que le titre nous invite à faire. Cependant, résumons d'abord ce curieux petit récit où si peu de choses semblent se passer et qui a été accueilli très favorablement par la critique.

Une action toute en paroles

L'action de *Faites de beaux rêves* se déroule en quatre jours, du jeudi au dimanche, c'est-à-dire le temps des essais et de la course des Formules I. Trois personnages fort différents se sont ainsi réunis au Mont-Tremblant pour partager leur plaisir de la course, leurs angoisses et… leurs récits.

D'abord Théo : truculent, porté sur la boisson, l'homme sacre à tout propos, mais en demeurant attentif, voire tendre envers ses deux compagnons ; puis Amadou, le frère de Théo, commis aux écritures comme il se plaît à le dire lui-même, homme délicat, tendre, doux ; enfin Limoilou, femme belle et mystérieuse. Mais que se passera-t-il entre eux ? Fort peu de choses, il faut en convenir. Théo suivra les essais et la course jusqu'au bout, Amadou fera de même et Limoilou se liera à un mystérieux voisin, Matousalem. En outre, il y a Jane, une autre voisine, qui force un peu le triangle Théo-Amadou-Limoilou ; mais, en fin de compte, quand la course sera finie, Théo s'en ira dans le Sud pour un autre Grand Prix, et Amadou préférera rester et prendre des comprimés qui le feront dormir vingt-quatre heures. Quant à Limoilou, elle est déjà partie avec Matousalem.

Le roman a reçu un accueil favorable que les relations avec les éditeurs n'annonçaient pas nécessairement. Jacques Poulin s'est raconté en toute simplicité à ce sujet :

> D'abord refusé aux Éditions du Jour (il y avait du V.-L. Beaulieu là-dessous), le manuscrit fut envoyé à Réginald Martel, qui tenta de le faire publier aux Éditions La Presse. Autre refus d'Alain Stanké. C'est ainsi que le manuscrit se retrouva à L'Actuelle — et accepté, cette fois, par Jean-Guy Pilon[4].

En quoi réside l'intérêt de cette histoire minimaliste ? Réginald Martel s'est posé la question, et il lui est apparu que l'on devait lire l'œuvre sur deux plans :

> Tout le roman se déroule à deux niveaux. Le premier est superficiel, au sens didactique : c'est l'action extérieure, ou si on veut : la séquence des épisodes. Le second est plus

important, quoique moins apparent ; on peut parler d'action toujours, mais d'une action tout intérieure. C'est à ce second niveau qu'apparaît l'originalité essentielle du roman et que joue, sans qu'on puisse y échapper, le pouvoir de séduction[5].

Ce pouvoir de séduction sera celui de la grande métaphore du jeu et du pouvoir des mots ; mais pour se faire une idée de l'accueil positif de la critique, ajoutons cette recommandation de Réginald Martel : « Il faut absolument lire *Faites de beaux rêves*[6]. »

Car, presque unanimement, les critiques ont souscrit à cette appréciation. Le roman « donne la pleine mesure du talent de Jacques Poulin », écrit l'un[7] ; une histoire « belle et chaleureuse », note l'autre[8].

Il n'en demeure pas moins que cette histoire sibylline se comprend d'autant mieux que, comme l'a souligné Réginald Martel, elle est lue au second niveau. Or, ce niveau est celui où, au-delà des contingences du sport automobile, c'est toute la dynamique, voire la métaphysique du jeu, qui est portée ici à une densité d'expression peu commune dans la littérature ; ce second niveau est aussi celui où, sur un fond de vrombissement de moteur, les personnages se parlent, se racontent des histoires. Jeux et récits sont ici inséparables.

Faites de beaux rêves offre trois états du jeu : le *jeu référentiel*, celui de la course automobile ; le *jeu de rôle*, où les personnages tour à tour jouent à être d'autres personnages qu'eux-mêmes ; et, enfin, le *jeu de la fiction*, qui consiste évidemment pour chacun à raconter des histoires. Il faut mettre à part le jeu de la fiction, à cause de son « en-jeu » littéraire ; car dans les métarécits se joue le destin même de la littérature. Cependant, les deux premiers jeux se comprendront davantage si le pouvoir, la « toute-puissance » (Réginald Martel, encore) de l'activité ludique aura elle-même été bien saisie.

Jouer n'est pas tout dans *Faites de beaux rêves* ; une activité tout aussi importante de la part des personnages consiste à se parler, à se raconter des histoires. Or, aux trois états du jeu correspondent trois états, trois manières de raconter chez les personnages. En d'autres mots, ce que Théo, Limoilou et Amadou racontent et, plus particulièrement, leur relation même à l'acte de conter, recoupent directement les trois types de jeu.

Cette assertion, fondamentale parce qu'elle rend compte de toute l'organisation, et même de la signification de *Faites de beaux rêves*, mérite d'être démontrée en détail ; à cette fin, j'abouterai les trois types de jeux et de récits liés aux personnages de la manière suivante.

Jeux	Récits	Personnages
1. Individuel	Réaliste	Théo
2. Collectif	Mythique	Limoilou
3. Artistique	Onirique	Amadou

Je suivrai chacune des strates horizontales (par exemple, jeu individuel/récit réaliste/Théo) pour les caractériser mais, avant tout, pour apprécier leur rôle dans le roman ; on sera à même d'y voir, de la première strate à la troisième, une progression de l'imaginaire et, surtout, toute l'importance et l'inachèvement de la littérature, de l'art. Ce fait n'est peut-être pas évident d'entrée de… jeu, mais *Faites de beaux rêves* est un roman sur la littérature comme jeu salvateur, dont les vertus sont par ailleurs loin d'être assurées. Cependant, pour arriver à ce « grand jeu de mots », il importe de considérer son fondement, le jeu individuel.

Le jeu individuel : le récit tué par la réalité

Le premier niveau de jeu, dans *Faites de beaux rêves*, est représenté par la trame narrative de base, la course des Formules 1.

C'est pour voir cette course que les personnages se sont réunis, et ce premier jeu les rassemble tous.

La course automobile nous est familière : *Jimmy* en a déjà beaucoup fait état. Maurice Lachance estime que le jeu est un élément essentiel du code de communication du jeune enfant : « Jimmy se sert de tout ce qui s'offre à lui comme matière à un acte ludique. Il se crée alors un code langagier personnel[9]. » Jimmy s'est mué en pilote à la fin du roman, rappelons-le, lorsque son chalet est parti à la dérive à la suite de l'effondrement des pilotis pourris : « Une chose est certaine [avait bien compris Jimmy bien avant la dérive finale] je veux devenir pilote de bateaux et c'est à cause des maudits pilotis[10]. » Or, *Jimmy* est à la dérive ce que *Faites de beaux rêves* est à la vitesse : les choses, constate encore Jimmy, « sont parties à cent milles à l'heure, ou à la dérive[11]. » Qu'en est-il lorsqu'elles vont à cent milles à l'heure ? En d'autres mots, quel est le sens de la course automobile dans *Faites de beaux rêves* ?

La course automobile représente une sorte de synthèse achevée d'un ensemble de vertus contradictoires qui, par ailleurs, marquent l'œuvre de Poulin : l'équilibre de la raison et du cœur, la synthèse de la douceur et de la force, et la victoire contre le temps.

Le grand connaisseur des courses, c'est Théo ; il lui revient toujours de livrer des renseignements sur les pilotes, de raconter des exploits passés, de chercher le sens de ce jeu. À propos de ce rapport entre la raison et le cœur, il répète à Amadou cette phrase de Nuvolari qu'il aime beaucoup : « Pour piloter, vous avez besoin de bons yeux, de bons réflexes, d'une coordination instantanée des bras et des jambes, mais, pour gagner une course automobile, il faut conduire avec son cœur » (126).

C'est aussi Théo qui rapporte cette phrase essentielle sur le pilote Jimmy Clark : « Dans sa façon de piloter, il y avait quelque chose qu'on avait [sic] jamais vu avant lui. Une sorte de douceur, mais de force en même temps [...] » (130). Théo l'expert livre plusieurs réflexions sur la course, mais il faut également noter le rapport au temps qui consiste moins à vaincre le chronomètre qu'à s'évader de la temporalité et de l'espace : « la voiture devient le prolongement de ton corps, tes sens deviennent plus aiguisés, le paysage défile au ralenti et la sensation de vitesse disparaît » (127).

Par la synthèse d'éléments contradictoires, par la projection de l'être en dehors de l'espace-temps, le jeu de la course semble avoir une signification mythique. Dans le mythe se réconcilient en effet toutes les forces centrifuges qui autrement divisent la personne, tant dans son intériorité soumise à la dispersion que dans sa situation dans le monde, où les sentiments de division et d'exil sont le lot habituel. La course soude les morceaux d'univers disparates :

> La sensation qu'éprouve le conducteur est l'extase d'une fusion momentanée du ciel et de la terre, d'une ressaisie d'un élément du paradis perdu. L'obsession de Théo pour les courses, de même que sa propension à l'alcool, sont peut-être l'expression d'une vie sans direction mais, même ici, apparaissent des ingrédients qui élèvent l'expérience humaine et la dignifient[12].

Le jeu référentiel de la course, simulant une réalité extralittéraire, acquiert une plus-value de sens dont le meneur est Théo. Lorsqu'il dit à Amadou : « Je pourrais te raconter toutes sortes de choses, des courses extraordinaires comme à Monza en 67 » (129), Théo résume son rôle principal dans *Faites de beaux rêves*, qui est d'assumer le récit factuel.

Gilles Marcotte a analysé avec discernement le genre de récit que prend en charge Théo dans le propos suivant :

> Théo, homme d'action, journaliste, coureur automobile, est l'homme du récit réaliste. Raconter de façon réaliste, c'est raconter la mort, comment on risque la mort, comment on va à la mort […]. On ne craint pas de voir ses récits bloquer, s'étouffer comme ceux d'Amadou : la mort sera nommée[13].

Cependant, ce rapport de l'individu au mythe, par l'entremise du jeu, se conclura par un échec. Les personnages, et en particulier Théo, auront beau imiter le jeu des coureurs, afin de s'approprier leurs vertus, ce sera peine perdue. Pourtant, ce n'est pas faute d'avoir essayé ! Théo « mime tous les détails de l'accident » (30) qu'a subi Jackie Ickx, boite comme Rindt (24), fait « le geste de manipuler un levier de vitesses en même temps que le pilote » (48) ; en outre, il s'identifie à Jackie Stewart. Mais rien n'y fera, puisqu'à la fin Jackie Stewart perdra la course. L'échec du pilote, c'est aussi celui de Théo, qui « avait l'air découragé comme si c'était lui qui avait perdu la course » (155).

Il faut comprendre l'échec du jeu individuel et, par conséquent, du récit réaliste qui en dépend directement, comme une fin de non-recevoir pour ce type d'activité extérieure à soi. S'il faut « faire de beaux rêves », ce n'est pas par l'intermédiaire de ce genre de théâtralisation ludique :

> L'allégorie de la piste de course est en parallèle avec la promesse avortée d'un nouveau monde. Tout ce qui reste à la fin, comme dans *Les Grandes Marées* et *Volskwagen blues*, c'est un personnage isolé, seul, qui recommence [...]. *Faites de beaux rêves* est peut-être le seul titre entièrement ironique de Poulin, puisqu'il s'agit du roman offrant le moins de vertus salvatrices[14].

La réaction d'Amadou, à l'issue du roman, est claire : « Le refus d'Amadou de suivre Théo à la fin du roman constitue un rejet de sa poursuite d'entreprises futiles (en raison de leur circularité) comme manières de passer sa vie[15]. »

C'est donc le jeu ou, plutôt, un certain type de jeu qui trouve ici son impossibilité rédemptrice. « Par le jeu, notre vie fait l'expérience d'une création particulière, du bonheur de créer ; nous pouvons tout être, toutes les possibilités s'offrent à nous, nous avons l'illusion d'un commencement libre, sans entraves[16]. »

L'homme est un être « mondain », comme l'écrit Fink, c'est-à-dire qu'il est destiné, condamné même, à trouver sa place dans le monde. Or, le premier niveau de jeu nous replonge « dans l'insouciance de l'enfance[17] » en ce qu'il nous reporte au moment où notre existence potentielle n'avait pas encore été rapetissée par les choix qui ont maintenant déterminé notre destin. Dans *Faites de beaux rêves*, ce premier niveau, niveau de jeu et de récit, n'indique pas aux personnages cette place qu'ils cherchent dans le monde ; il leur faudra quêter ailleurs, s'élever à un deuxième palier ludique.

Le jeu collectif : faut-il croire le récit mythique ?

À un degré supérieur se déploie maintenant l'autre jeu, marqué par l'échange des rôles. Tous les personnages y contribuent, mais Limoilou plus que les autres.

Le signal de ce deuxième jeu est donné dès le début, quand Théo, accueillant Limoilou et Amadou, feint d'être un policier et demande à ses amis leurs papiers (11). Nombreuses, en fait, seront les occasions où les personnages joueront à être autres qu'eux-mêmes : Théo aura souvent des allures de cow-boy et recourra à un revolver imaginaire (39), il imitera des chanteurs (54) ou Johnny Unitas (84) ; Amadou et lui simuleront une entrevue avec Lionel Duval, Limoilou feindra d'appeler Théo lors d'une émission à CHRC (95), etc. Inutile d'accumuler les exemples, puisque l'important est de comprendre comment ces jeux de rôles distancient les personnages de leur identification aux coureurs automobiles. Car, à ce premier niveau, Théo, Amadou et Limoilou voyaient leur destin lié à celui des Jimmy Clark, Jackie Stewart et tutti quanti ; ici, en se dissociant de la performance du jeu individuel, les personnages acquièrent un degré accru de liberté, de mouvance dans l'imaginaire, et par conséquent de compétence narrative. Au centre de cette nouvelle distribution des rôles se situent Limoilou et son récit mythique de la Légende de l'Amérique.

Cet important récit de Limoilou est d'abord rendu possible par le jeu de rôle : elle se déguise en Kateri Tekakouita, Amérindienne du XVIIe siècle reconnue pour sa spiritualité et sa charité. Elle peut dès lors narrer sa « grande fresque historique » (108). En vérité, cette légende de l'Amérique comprend trois volets inséparables, que Paul Socken appelle « récits de la création[18]. » Le premier, et le plus important, couvre un chapitre (111-113) et retrace la création de l'Amérique ; le deuxième est un rêve qu'Amadou raconte à Limoilou et dans lequel se trouve Théo ; enfin, le dernier est un rêve que Théo prête à Jacques Cartier.

La Légende de l'Amérique désigne un moment capital dans F*aites de beaux rêves*, amalgamant le récit de la Genèse et la création de l'Amérique du Nord. Ce métarécit, contrairement à ceux de Théo qui s'appuient sur la réalité, « repose sur un discours traditionnel, folklorique[19]. » Il raconte, bien sûr, comment l'Amérique du Nord fut créée, en recourant à une structure de l'espace qui a déjà émergé dans les romans antérieurs. En effet, pour créer l'Amérique, la Femme quitta le monde du haut, le monde céleste, et descendit vers « le Monde d'En Bas recouvert d'eau et entouré de nuages épais » (112). Cette configuration, écho aux deux romans antérieurs, préfigure aussi celle du roman suivant, *Les Grandes Marées*, et plus particulièrement de l'île Madame :

Haut	—	Homme
Bas	—	Femme

Le deuxième récit, beaucoup plus court, raconte le rêve d'Amadou ; Théo y conduit un chariot, armé de la Winchester de Sitting Bull, et se dirige vers le Sud : « il disait que si on allait plus au Sud, [...] on pouvait trouver l'Or de la Californie et la Terre Promise » (115).

Enfin, le rêve, le songe de Jacques Cartier, le troisième récit, se résume simplement ainsi : « Il a vu mourir le Grand Rêve de l'Amérique [...] » (117).

L'Amérique tisse un lien évident entre ces trois métarécits : la création du continent, le parcours de son espace vers la Terre promise et l'échec du rêve. Inutile d'insister sur la préfiguration de *Volkswagen Blues* et de l'itinéraire de Jack Waterman vers le Sud et la mort du rêve ; l'on aura le loisir de retracer ce voyage à la recherche de Théo. Pour l'instant, tout autre est notre préoccupation, centrée autour du jeu collectif et du récit mythique.

Jeu collectif, tout d'abord, en ce que les personnages simulent des êtres historiques ou les inscrivent dans leurs histoires ; récit mythique, par conséquent, puisque ce que l'on raconte cherche le secret des origines et le sens de l'histoire. Ces récits, et tout particulièrement celui de Limoilou, vont au-delà de l'expérience de soi, transcendant le jeu de la course automobile ; c'est un jeu autrement plus important qui se dégage de ces nouveaux rôles historiques et de ces récits qui tentent de puiser dans le réservoir originel des significations. Les histoires que raconte Limoilou

> ~ sont des « histoires par cœur », des histoires de cœur qui ont pour but de ramener l'auditeur à ses origines, aux significations premières. [...] Chaque fois qu'elle raconte, Limoilou véritablement réinvente le monde, à la façon du mythe fondateur[20]. ~

Mais à chaque récit ses limites ! Le récit réaliste meurt avec l'échec de la course, n'ayant pu promettre davantage que le jeu qui l'a porté ; quant au récit mythique, il disparaît en même temps que le rêve américain. Les jeux de rôles et les récits dont ils ont été le produit laissent un sentiment d'incomplétude, exigeant de l'être *mondain* qu'il cherche ailleurs, et différemment, sa place dans le monde. L'être mondain est ici Amadou, et sa quête se fera par l'écriture.

Le jeu artistique et son nécessaire inachèvement

Théo et Limoilou, dans leur rapport au monde, entretiennent des liens autrement plus rassurants que ceux d'Amadou.

Car si Théo, pour sa part, subit l'échec de Stewart comme le sien, il eût pu tout autant participer à sa victoire. Sinon, pourquoi partirait-il voir d'autres Grands Prix, aux États-Unis et au Mexique (162) ? Quant à Limoilou, elle peut se rassurer en racontant une histoire finie, préexistante. Théo et Limoilou sont des transcripteurs, le premier, de la réalité, la seconde, de la tradition.

L'entreprise d'Amadou est autrement plus périlleuse, car il est « le seul à véritablement inventer des histoires, à prendre le risque de l'invention[21]. » Sa parole participe d'une autre aventure que celle de Théo et de Limoilou qui, eux, parviennent à terminer leurs récits. Ce plaisir de la clôture sera interdit au commis aux écritures, dont les deux principaux métarécits seront des histoires inachevées.

Comment peut-il en être autrement ? Amadou ne cherche pas sa vérité dans un sens préexistant, reconnu grâce aux mots ; au contraire, c'est dans le langage même qu'il veut exister. « Le récit de la vérité est passé, dépassé. Ce qui devient le plus important, c'est la vérité du récit, la vérité de parole[22]. »

Le jeu des mots, chez Amadou, relève de l'art, et ses rêves, inachevés, sont cependant les plus beaux. Les deux métarécits, du hockey et du bureau, font apparaître les deux axes de ce jeu artistique et onirique : le masque et l'écriture.

Le rêve du hockey relève à la fois du jeu, en tant que sport, et de l'art, par la présence du masque. Gardien de but du Canadien lors d'une séance d'entraînement, Amadou accomplit sa tâche avec une perfection inouïe : il bloque tout, même les lancers les plus difficiles de Béliveau, Richard, Cournoyer. Tous sont éblouis par la perfection de son jeu. C'est alors que les joueurs s'approchent d'Amadou pour lui demander d'enlever son masque ; à ce moment, il se réveille, ce qui entraîne une « rage contenue » de Limoilou, la confidente de cette histoire.

Cette séquence donne toute la mesure de l'utopie qui obsède Amadou : atteindre la perfection, la stabilité, l'immuabilité. La volonté de perfection tombe sous le sens, la performance sportive du personnage la démontrant parfaitement. Mais il revient au masque de donner à cet exploit sportif sa signification de perfection intérieure, de stabilité ontologique :

> Le masque […] est une modalité de la manifestation du *Soi* universel. La personnalité du porteur n'en est généralement pas modifiée ; ce qui signifie que le Soi est immuable, qu'il n'est pas affecté par ses manifestations contingentes[23].

Enlever son masque, pour Amadou, signifierait la fin des jeux, le retour aux contingences, à l'imperfection. Cette tension nourrit l'essence même du jeu : le joueur sait que ce qu'il vit n'est pas la réalité, faute de quoi il serait englouti dans l'imaginaire, mais en même temps il doit conférer une valeur de sérieux au jeu, afin de lui conserver ses pouvoirs de stylisation, d'idéal, d'utopie. L'admirable vers de Pouchkine rend en quelques mots la double identité du jeu : « sur une fiction je me couvre de larmes[24]. »

Voilà pourquoi, dans son essence même, l'art est jeu. Car dans l'art, comme dans le jeu, celui qui le pratique doit vivre « toutes les émotions que susciterait une pratique analogue et dans le même temps il est clairement conscient que les actions liées à cette situation (par exemple, rendre service au héros) ne doivent pas être accomplies[25]. » Le second métarécit d'Amadou, l'histoire du bureau, conjugue au plus haut point les vertus du jeu et de l'art, en l'occurrence de la littérature.

Amadou aura besoin de Théo, qui, lui aura besoin d'alcool pour raconter l'« histoire de zouave que voici » (69). Amadou travaille au bureau, avec d'autres employés ; il est un commis aux écritures spécialisé dans la ponctuation. Cependant, il n'a jamais vu le patron qui les emploie. Or, un jour où il a terminé ses corrections plus tôt qu'à l'ordinaire, Amadou va porter son travail à la secrétaire au lieu de l'appeler par l'interphone ; plus encore, il décide d'aller frapper à la porte du patron. Mais la secrétaire dit à Amadou qu'il n'est pas là, que sa femme attend un bébé ; à ce moment même, le téléphone sonne pour annoncer la naissance attendue. Et Théo de s'écrier, interrompant l'histoire : « Tu trouves pas que c'est une drôle de coïncidence ? » (77 ; en majuscules dans le texte). C'est ainsi que l'histoire se termine, parce qu'Amadou refuse d'arriver à une conclusion.

Singulière histoire, en vérité ! L'histoire du bureau s'offre comme jeu à décoder, jeu amorcé et relancé par Théo qui interroge Amadou et, même, se déguise en secrétaire pour faire une mise en scène. Le décodage, pourtant, est refusé par Amadou, qui n'accepte pas la possibilité, comme c'est le cas d'ailleurs pour Teddy dans *Les Grandes Marées*, que l'écriture ne conduise à rien, que le patron n'existe pas ou qu'il ne se serve pas du travail de l'écrivain. Le récit onirique se détruit non par son échec, comme les récits réaliste et mythique, mais dans son essence même, de par sa nature qui est de ne pas avoir de but, de conclusion. Le jeu des mots semble le plus trompeur de tous, non seulement parce qu'il n'a pas de finalité, mais aussi parce qu'il isole, divise l'écrivain d'avec la réalité. Au début de son récit, Amadou prend soin de remarquer que, à travers la vitre de son bureau, où il écrit, « il y a quelque chose de faux ou d'irréel dans ce que tu vois [...] » (70).

Il revient à Théo d'épeler la vérité de l'art en signalant cette pensée de Heidegger dite à Amadou, tout de suite après l'histoire du bureau, pensée d'autant plus importante qu'elle apparaît aussi dans *Volkswagen blues* : « Le langage est la maison de l'être » (78). Sans doute Théo essaie-t-il de dire à Amadou qu'il n'écrit pas pour l'Autre, mais pour lui-même ; qu'il ne transcrit pas une réalité, mais qu'il l'édifie ; que, somme toute, de tous les jeux, le plus vrai et le plus dangereux est celui des mots, qui permet de représenter un monde et de se construire une maison intérieure.

Jeu, littérature et postmodernisme

Il est nécessaire, pour clore cette réflexion sur *Faites de beaux rêves*, de revenir à l'aspect central qu'est le jeu, auquel s'adonnent tous les personnages ; de plus, il faut rattacher le ludisme, particulièrement celui des métarécits, à la « condition postmoderne ».

Le jeu est toujours, du moins jusqu'à un certain point, l'expression d'une conscience malheureuse. L'être qui joue cherche à se tailler une place dans le monde. L'enfant qui joue s'initie sur le mode non sérieux à la vie sérieuse ; l'adulte, pour sa part, cherche à définir sa vie « mondaine » en traçant de nouvelles voies ou en affermissant ses choix. Le casino permet de raccourcir le chemin qui mène à la fortune, tandis que le Monopoly résume toutes les lois de notre système capitaliste.

Dans *Faites de beaux rêves*, le jeu permet de dépasser, de transcender l'état présent, source d'insatisfaction. La course automobile représente une chasse au monde idéal où le mouvement maîtrisé est « ordre et beauté » ; et, en jouant eux-mêmes des rôles, les personnages fractionnent leur être fini en rôles pleins de nouvelles possibilités. Malheureusement, l'être virtuel arrive au bout du principe ludique, et retombe dans le principe de réalité : le temps des jeux est passé, la course se termine, le personnage est allé au bout de son rôle.

Tout autre, cependant, est le jeu du récit. Si le jeu individuel et le jeu mythique s'abolissent avec la fin de la mise en scène, le jeu du récit, lui, vit de sa propre activité et peut de cette manière poursuivre son œuvre. Cela mérite quelques explications.

Le jeu ultime auquel se livrent les personnages dans *Faites de beaux rêves* relève de l'art : ils se racontent des histoires. Or, comme l'a aussi noté Iouri Lotman, l'art « possède une série de traits qui l'assimilent aux modèles ludiques[26] », mais, en même temps, il s'en distingue fondamentalement ; alors que, le jeu de tous les jours se déploie dans un monde de savoir-faire conventionnel, comme par exemple être un expert en course automobile, le jeu *artistique* crée, à partir d'une situation conventionnelle, un modèle du monde, de la vie. La course automobile exige le respect des règles ; l'art en appelle la manipulation, voire la transgression.

Par les métarécits, c'est-à-dire symboliquement par l'acte consistant à s'approprier le langage pour dire le monde, pour se dire soi-même, *Faites de beaux rêves* pose toute la question de la littérature et de sa fonction artistique. Mais, en ce sens, seuls les métarécits d'Amadou s'aventurent dans les risques du langage.

En effet, quand ils racontent, Théo et Limoilou participent d'un monde fini, la course pour l'un, la légende pour l'autre. Il n'est pas étonnant, par conséquent, que leurs histoires trouvent une fin, car pour eux les mots retranscrivent une réalité préexistante.

En revanche, Amadou entretient avec les mots un rapport radicalement différent. Ses récits, *littéraires*, créent par le langage, *dans* le langage, le monde des significations ; c'est sans doute ce que Théo veut lui faire entendre par la phrase : « Le langage est la maison de l'être. » Aux récits transitifs de Théo et de Limoilou s'opposent les histoires intransitives d'Amadou ; en d'autres mots, les histoires des deux premiers s'appliquent sur des objets, et celles d'Amadou concernent le sujet lui-même.

Tous les critiques ont relevé l'inachèvement, l'incomplétude des récits du « commis aux écritures ». Ginette Michaud voit dans cette « difficulté de raconter, une difficulté qui va bien au-delà de l'habituelle résistance à clore une histoire, une difficulté qui va au cœur même de l'acte de raconter, c'est-à-dire qui interroge les conditions minimales requises par la fiction[27]. » Il s'agit là d'un trait important des récits postmodernes : une fin ouverte, suspendue, des images hybrides. Dès lors, dans *Faites de beaux rêves*, les deux métarécits d'Amadou concernant le hockey et le bureau, par leur refus de conclure, représentent probablement les premières caractéristiques du postmoderne chez Poulin, lequel ressortira davantage dans *Les Grandes Marées* et *Volkswagen blues* : l'étrangeté de l'homme pétrifié de l'île aux Ruaux, et les visages hologrammatiques[28] de Théo.

En ce sens, *Faites de beaux rêves* ajoute une pièce au puzzle de l'espace amoureux. Plutôt que de reprendre le rêve d'Amadou et sa quête du Sud, de l'Or, j'insiste sur l'importance, dans ce roman, de la maîtrise de l'espace. Certes, il est peu question d'amour dans ce roman ; mais qu'est-ce que nous dit cette histoire de pilote automobile ? Peut-on imaginer récit plus enraciné dans la problématique de l'espace que celui-ci ? La maîtrise de l'espace est au cœur de ce quatrième roman ou, devrais-je dire, la *création* de l'espace le gouverne d'un bout à l'autre. Le langage comme maison de l'être dit cette recherche fondamentale par laquelle, dans l'invention d'un paysage, l'être trouvera son lieu, son refuge, loin du sentiment d'exil qui engendre l'aliénation. Aliénation, *alius*, être autre que soi-même : le langage représente désormais, dans l'accession à la possibilité amoureuse, l'outil qui permet de sculpter cet espace affectif. *La Tournée d'automne* portera à son point d'achèvement presque ultime la construction langagière du paysage où, enfin, l'homme et la femme noueront un lien amoureux, esthétisé par l'espace littéraire d'une œuvre.

Dès lors, les métarécits d'Amadou, s'ils participent du postmoderne, le transcendent également, particulièrement en regard des autres récits de Théo et de Limoilou. Le recours aux mots chez Amadou, par la nativité personnelle qu'il cherche à faire, est un acte de pro-création ; et, pour cette raison, il s'inscrit dans le devenir même de l'être qu'il veut promouvoir à l'existence. Faire de beaux rêves ? Oui, par les mots qui nous portent vers un au-delà d'accomplissement de soi, par la possibilité de tenir un discours où sera un jour édifiée la maison de l'être. *La Tournée d'automne*, le dernier roman, portera à son plus haut point ce discours dans un registre particulier ; et *Les Grandes Marées*, cinquième étape de ce parcours, recourt à une nouvelle note dans cette gamme : l'allégorie.

Cependant, avant d'étudier *Les Grandes Marées*, le moment est venu de faire le point. Avec ce roman s'accomplit non pas un changement de degré, mais de nature dans ce parcours de l'œuvre de Poulin. En effet, des voies du discours amoureux nous passons maintenant aux entraves. *Jimmy*, *Le Cœur de la baleine bleue* et *Faites de beaux rêves* ont exploré des thèmes constitutifs de la quête amoureuse : l'acceptation de la disparition de l'enfance et l'entrée dans l'âge adulte, l'intégration de la part féminine en soi (pour l'homme, il va sans dire), l'importance du jeu et, surtout, du langage. La création de l'espace amoureux possède ainsi un alphabet qui, toutefois, comme tout langage, ne se profère pas dans la solitude. Autrement dit, l'environnement, la société, l'agressivité, bref « l'Autre », l'« aliénateur », doit être pris en considération dans cette accession à la possibilité amoureuse. Ces écueils abondent dans *Les Grandes Marées* et *Volkswagen blues*.

Notes

1. Paul Socken, *The Myth of the lost Paradise* [...], p. 43. Je traduis.
2. Réginald Martel, « Du bon usage de la tendresse », *La Presse* (22 juin 1974), p. C-3.
3. Anne-Marie Miraglia, *L'Écriture de l'Autre chez Jacques Poulin*, p. 84.
4. Robert Tremblay, « Jacques Poulin devant le dur métier d'écrire », *Le Soleil* (2 novembre 1974), p. D-6.
5. Réginald Martel, « Du bon usage de la tendresse », *La Presse* (22 juin 1974), p. C-3.
6. *Ibid.*
7. Claude Janelle, « Des enfants perdus dans un grand monde », *Le Jour* (24 octobre 1974), p. 12.
8. Roland Bourneuf, « Faites de beaux rêves », *Livres et auteurs québécois*, p. 53.
9. Maurice Lachance, « Une (ou deux) voix dans l'orchestre », *Études françaises*, 21, 3 (hiver 1985-1986), p. 57. Le jeu, en l'occurrence le tennis, sera aussi important dans *Les Grandes Marées*.

10. Jacques Poulin, *Jimmy*, p. 104.

11. *Id.*, p. 111.

12. Paul Socken, *The Myth of the Lost Paradise* [...], p. 44. Je traduis.

13. Gilles Marcotte, « Histoires de zouaves », *Études françaises*, 21, 3 (hiver 1985-86), p. 9. J'emprunte par ailleurs à Marcotte les trois dénominations du récit dans *Faites de beaux rêves.*

14. Paul Socken, *The Myth of the Lost Paradise* [...], p. 48. Je traduis.

15. Paul Socken, *The Myth of the Lost Paradise* [...], p. 43. Je traduis.

16. Eugen Fink, *Le Jeu comme symbole du monde*, p. 79.

17. *Ibid.*

18. Paul Socken, *The Myth of the Lost Paradise* [...], p. 45-48.

19. Anne-Marie Miraglia, *L'Écriture de l'Autre chez Jacques Poulin*, p. 87.

20. Gilles Marcotte, « Histoires de zouaves », *Études françaises*, 21, 3 (hiver 1985-1986), p. 9.

21. Gilles Marcotte, « Histoires de zouaves », *Études françaises*, 21, 3 (hiver 1985-86), p. 11.

22. Giaconio Bonsignore, « Jacques Poulin : une conception de l'écriture », *Études françaises*, 21, 3 (hiver 1955-1986), p. 24.

23. Jean Chevalier et Alain Gheerbrant, *Dictionnaire des symboles*, p. 614-615.

24. Cité dans Iouri Lotman, *La Structure du texte artistique*, p. 111.

25. Iouri Lotman, *La Structure du texte artistique*, p. 110-111.

26. Iouri Lotman, *La Structure du texte artistique*, p. 110.

27. Ginette Michaud, « Récits postmodernes ? », *Études françaises*, 21, 3 (hiver 1985-86), p. 84.

28. L'expression est de Michaud.

CHAPITRE 3

L'ENTRAVE

Les Grandes Marées : autant en emporte la vague...

Illl arrivvv de la villl
Illl s'exilll sur une îlll
Illl est tranquilll ses pupilll scintilll
Illl la voit cette filll

Raoul Duguay, *L'L.*

De tous les romans de Jacques Poulin, *Les Grandes Marées* est probablement le plus lu ou, en tout cas, le plus apprécié. Certes, le Prix du Gouverneur général témoignait déjà, en 1979, que l'œuvre avait été prisée ; le public devait ratifier ce choix. Comme le note Lise Gauvin, « en choisissant *Les Grandes Marées* le jury du Prix du Gouverneur général a su reconnaître l'originalité d'une œuvre où, dans un style discret, elliptique, et d'autant plus efficace, on interroge le sens d'une civilisation[1]. »

Plusieurs raisons expliquent cet intérêt, voire cet engouement pour *Les Grandes Marées.* Au-delà de certaines raisons particulières, il convient de signaler que dans ce cinquième roman se rencontrent la plupart des caractéristiques propres à Jacques Poulin :

~ Faut-il noter ici que réapparaissent « en tramé » un certain nombre de personnages de ses autres romans, ces récurrences contribuant à faire des *Grandes Marées* une sorte de synthèse à la fois des idées, des symboles, des réflexions, des tournures stylistiques, en un mot de la « manière » de Jacques Poulin[2] ?

Ainsi, *Les Grandes Marées* renvoie à des œuvres antérieures, tout particulièrement à *Jimmy*: Teddy Bear était l'ourson de Jimmy, son amie s'appelait Mary et, enfin, sont évoquées l'île Madame et l'île aux Ruaux (*Jimmy*, 101). C'est d'ailleurs vers l'île Madame que veut se diriger Jimmy lorsque, à la fin du roman, il dérive en lançant ses appels de tendresse : « tu entrerais dans le petit chenal de l'Île Madame comme les pilotes qui ont fait de la navigation au long cours et le soleil te donnerait une espèce de bénédiction ou quelque chose » (*Jimmy*, 155). Bénédiction qui, dans *Les Grandes Marées*, tournera au cauchemar ! De plus, il faut mentionner le Théo de *Faites de beaux rêves*, qui est devenu dans *Les Grandes Marées* un interlocuteur invisible avec qui Teddy Bear parle à l'occasion et dans *Volkswagen blues*, le sujet de la longue quête de Jack Waterman.

Cependant, par-delà la récurrence de ces personnages et d'autres figures romanesques, *Les Grandes Marées* se présente comme œuvre-synthèse pour des raisons autrement plus importantes. En effet, deux thèmes sont traités dans l'œuvre : le rapport entre l'individu et le couple et, ensuite, la dialectique entre le couple et la société. On retrouve deux phases dans *Les Grandes Marées* ; dans la première, Teddy Bear passe de la solitude à une vie consentie et heureuse avec Marie et, dans la seconde, le duo Marie-Teddy Bear est progressivement agressé par l'arrivée de nouveaux personnages constitutifs d'une petite société. J'aborderai ainsi ces questions de fond pour l'analyse des *Grandes Marées*. Ensuite, fidèle en cela au propos unificateur de cette étude, j'examinerai comment la structure de l'espace articule ces rapports entre les personnages.

Du ciel à l'enfer en bande dessinée

Les Grandes Marées se donnent à lire selon le mode allégorique où les personnages, les lieux, voire l'œuvre tout entière sont la « représentation figurée d'idées abstraites sous la forme d'un tableau ou d'une histoire qui développe une analogie initiale[3]. » Or, l'intention allégorique est posée dès l'incipit :

« Au commencement, il était seul dans l'île ». (9) Inutile d'insister sur les résonances bibliques de cette ouverture, sur lesquelles je m'attarderai d'ailleurs plus loin.

Cet horizon de lecture posé, notons que *Les Grandes Marées* se divisent en 43 courts « chapitres » ou, pourrait-on dire, fragments. Les chapitres 1 à 6, 7 à 13 et 14 à 43 correspondent respectivement aux trois étapes de base dans le déroulement narratif du texte, lesquelles peuvent être caractérisées sémantiquement et temporellement de la façon suivante :

1. Teddy seul (1-6), avril - début mai

2. Teddy et Marie (7-13), début mai - début juin

3. Teddy, Marie et les autres personnages (14-43) :
   — Tête Heureuse (14, juin)
   — Le professeur Mocassin et l'Auteur (20, juillet)
   — L'Homme Ordinaire (27, août)
   — L'Animateur (35, septembre)
   — Le père Gélisol (42, octobre)

Il était une fois..., donc, un « Patron », propriétaire d'un journal appelé *Le Soleil* de Québec, qui souhaitait ardemment le bonheur de ses employés. Il posa alors *la* question à son traducteur de bandes dessinées, Teddy Bear, qui vient de T.D.B., traducteur de bandes dessinées (31) : « Qu'est-ce qu'il vous faut pour être heureux ? » (13). Une île déserte, lui répond T.D.B. C'est ainsi que Teddy Bear ira exercer, seul, son métier de traducteur dans l'île Madame.

N'est-il point mauvais que l'homme soit seul ? Car déjà, Teddy se met à penser « à une autre personne : une fille ; elle n'existait pas dans la réalité, mais ses traits et son allure commençaient à se fixer dans sa tête » (16). Teddy s'éprend de Marie, ce que le patron pressent ; en effet, sous prétexte d'apporter une chatte pour désennuyer le chat de Teddy, Matousalem, il amène, toujours en hélicoptère, et la chatte Moustache, et Marie, qui sera la compagne du traducteur.

Ainsi passons-nous à la deuxième phase du roman, de la vie solitaire à la vie à deux. Un mot suffit à caractériser cet état : le bonheur. Tout se trouve, pour ainsi dire, à sa place. Par exemple, les extrémités nord et sud de l'île sont séparées par un sentier de deux kilomètres au centre duquel se trouve un court de tennis, deux maisons abritent respectivement l'homme et la femme. Marie et Teddy n'occupent donc pas le même espace et, comme le propose Marie, « celui qui aura envie de voir l'autre ira le trouver [...] » (28). Pour une fois, le grand rêve du Patron, « rendre les gens heureux » (54), se sera réalisé en mettant ensemble Marie et Teddy dans l'île Madame. « Je suis heureuse ! », s'écrie Marie (59), et Teddy partage dans le même état d'esprit : « depuis que tu es là, c'est encore bien plus agréable et je ne me suis jamais senti aussi bien de toute ma vie » (60). Or, s'il n'est pas bon que l'homme soit seul, le couple, lui ne le demeurera pas longtemps. Place aux envahisseurs.

Se succéderont cinq personnages qui, toujours dans le registre de l'allégorie, perturberont les rapports entre Marie et Teddy ainsi que l'écologie de l'île. Chacun contribuera aux ravages humain et environnemental ; inutile d'insister sur l'indissociabilité de l'écologie humaine et de celle du paysage, puisque c'est la voie qui gouverne toute cette étude et qui sera développée plus loin à propos des *Grandes Marées*.

La cascade de dégradations commence avec « la femme du *boss* » (69), Tête Heureuse, qui ne trouve pas d'autre façon de se définir que par rapport à un « autre », qu'en s'aliénant, dans le plus beau sens du terme. À peine arrivée, elle tutoie Marie et s'empare de son sac de couchage ; plus encore, elle amène Marie et Teddy à se demander si l'île est assez grande pour trois personnes (73). Signe important, on le verra plus loin, Tête Heureuse oblige Teddy à s'installer à la Maison du Sud, laissant celle du Nord à Marie et à la femme du patron. Le résultat ? « Teddy ne se trouva pas bien à la Maison du Sud » (77). Arriveront ensuite, toujours « parachutés » par le patron, le professeur Mocassin et l'Auteur. Le premier est un rationnel qui jauge tout ; c'est pourquoi, par exemple, dans sa recherche sur les courbes du sentier qui unit les deux Maisons, il se voit contraint de proposer la destruction du court de tennis, afin d'analyser un tronçon manquant du sentier (192). Quant à l'Auteur, il ne sera pas en reste sur le professeur, provoquant Teddy plus à un duel qu'à un match de tennis au terme duquel il brise délibérément le filet. L'Homme ordinaire, pour sa part, est précédé de sa fiche signalétique, ce qui annonce bien ses couleurs d'organisateur. Il se regarde dans l'île comme le fonctionnaire-décideur. Voilà pourquoi le prochain intrus, l'Animateur, est lui aussi annoncé par une fiche transmise d'abord à Tête Heureuse, puis au professeur Mocassin, à l'Auteur, à Marie et enfin à Teddy. L'organisation bureaucratique est désormais implantée ! L'Animateur se chargera du domaine des émotions, par des séances de dynamique de groupe. Sa forme d'agressivité consistera à demander péremptoirement à chaque habitant de l'île, et surtout à Teddy, d'exprimer ses sentiments. Il se heurtera à la seule repartie un peu vive de Teddy : « Mes sentiments ne regardent personne [...] » (190). Quant au père Gélisol, il est censé, en berçant les gens, leur apporter une chaleur réconfortante.

Il est trop tard, cependant : les « grandes marées qui, chaque mois, à la pleine lune, amenaient sur le rivage toutes sortes de débris et de déchets » (124), ont aussi jeté sur le rivage chacun des personnages, à l'exception de Teddy (162). Marie quittera l'île Madame de son propre chef, et Teddy en sera expulsé. Il se rendra alors de peine et de misère, en mauvais nageur, à l'île aux Ruaux. Là il verra un homme pétrifié, dur, celui-là même que, avec Marie, il était allé découvrir juste avant que Tête Heureuse n'arrive. Armé d'un fusil, cet homme à « l'allure militaire » (62) met un point final à ce processus de déshumanisation et de dureté qui a saboté l'harmonie de l'île. Teddy, triste, résume tout par cette phrase adressée à Marie : « je regrette que l'histoire ait mal tourné » (183).

J'ai choisi de présenter un résumé détaillé des *Grandes Marées* car ses prétentions allégoriques reposent sur chaque détail qui a, dans la cohérence de l'ensemble, une signification propre et irremplaçable. J'ai cependant omis de parler de l'importance du sentier qui relie les deux Maisons, de Prince, le lanceur de balles de tennis, de l'histoire du grand Onychoteutis, etc. Je traiterai de ces éléments en temps et lieu ; voyons plutôt, maintenant, comment le roman a été accueilli par la critique.

Que des louanges pour cette île malheureuse…

Si l'on se fie à sa réception critique, *Les Grandes Marées* sont, avec *Le Vieux Chagrin*, une réussite ; dans les deux cas, les éloges ont été unanimes.

Bien sûr, plusieurs critiques n'ont pas manqué de relever le lien étroit qui unit *Les Grandes Marées* à certaines œuvres antérieures de l'auteur ; sans doute est-ce avec ce cinquième roman que se constitue aux yeux du public lecteur, clairement et définitivement, le *monde poulinien*.

Dès le début de son appréciation, Lise Gauvin note :

> *Mon cheval pour un royaume*, *Jimmy*, *Le Cœur de la baleine bleue* et *Faites de beaux rêves* se lancent ainsi quelques clins d'œil entendus, chaque roman s'amusant à citer les précédents par un système de renvois qui n'empêche pas l'œuvre de déjouer la simple réminiscence et de se contester[4].

Il devient de plus en plus clair, donc, que les héros de Poulin « se promènent d'un livre à l'autre, d'un jeu à l'autre, cachant à peine leur apparence sous le masque transparent d'un prête-nom[5]. » Tout se passe comme si chaque personnage portait le pseudonyme d'une sorte de personnage-type, actant réalisé sous la figuration de plusieurs acteurs ; un romancier qui, en entrevue, affirmait avoir peu de choses à dire, n'a pas besoin de recourir à beaucoup de personnages pour s'exprimer.

Plus que jamais ici, un certain « art poulinien » a intéressé la critique, tant sur le plan de la technique rattachée à la vision du narrateur, que du recours au mode de la bande dessinée. En premier lieu, ce que Lise Gauvin appelle à bon escient la « technique behavioriste » empêche « dans le déroulement de l'histoire proprement dite, toute digression d'ordre moral ou philosophique[6]. » Jacques Nolin en remet, notant que l'information passe au compte-gouttes : « Ce procédé ressemble au behaviorisme des écrivains américains de l'entre-deux-guerres et à l'objectivité froide de certains existantialistes [*sic*] (par exemple, le Camus de *L'Étranger*)[7]. » L'allusion à Camus est aimable, mais sans doute Poulin eût-il préféré qu'on le comparât à Hemingway, son maître en matière d'écriture, qui possède cette grande vertu de feindre de raconter une chose… pour en dire une autre, autrement plus importante. C'est au lecteur de faire ce *déplacement* de sens, car le narrateur, lui, se limite à créer des *occasions* de sens. Poulin lui-même, dans une entrevue, insiste sur le choix de la technique narrative liée à cet effet de focalisation externe :

> Parfois, j'ai adopté une technique spéciale qui consistait à écrire avec un "Je" et de corriger en changeant le "Je" pour un "Il". Plusieurs livres, y compris *Les Grandes Marées*, ont été faits comme ça. Contrairement à la plupart des auteurs, je ne me donne pas la permission de dire : *Il pensait que…* Avec un "Il", je ne décris que ce que l'on voit de l'extérieur[8].

Les Grandes Marées procèdent donc d'une « vision de l'extérieur », et il ne serait pas gratuit, dès lors, de lier cette technique à un autre aspect de l'art de ce roman : la bande dessinée. Celle-ci est présente partout dans le roman : Teddy est traducteur de bandes dessinées, le professeur Mocassin les étudie, quelques chapitres en contiennent et, de manière plus globale, la multiplicité et la brièveté des chapitres peuvent s'apparenter à cet art nourri de concision et de ruptures. Si, toutefois, tous les commentateurs du roman ont été sensibles à ce fait, François Ricard note, à propos de Teddy et de la bande dessinée, qu'elle « est beaucoup plus que son gagne-pain, elle constitue pour ainsi dire le mode de sa vie et de sa pensée, en même temps qu'elle inspire l'esthétique du roman lui-même [...][9]. » Cette atmosphère de bande dessinée allège la gravité du propos des *Grandes Marées* ; ce sera là un prochain trait que la critique relèvera, ce bel équilibre entre le sérieux et le sourire. Une autre conséquence découlera du recours à la BD, la retenue, l'économie du langage :

> ~ Il faut conséquemment mesurer son verbe, lexique, images, métaphores et symboles comme l'on jauge une denrée rare, avec scrupule et parcimonie. Un peu comme un poème, je crois, la bande dessinée est l'expression de l'instant privilégié. C'est une fulguration, c'est une suite d'éclairs, cela illumine le ciel, cela enchante le regard, cela émerveille, cela subjugue[10]. ~

N'allons pas croire, cependant, que cet effet de la bande dessinée a été expressément voulu par l'auteur, qui parle plutôt d'une sorte d'accident de rédaction :

> ~ C'est un livre qui m'a demandé plus de travail que les autres. Le brouillon était de mauvaise qualité. Alors j'ai enlevé beaucoup de choses et chacun des chapitres est devenu très court, ce qui donne l'impression d'une bande dessinée. Mais ce n'était pas voulu au départ[11]. ~

En fait, les critiques ont souvent, et à raison, pondéré la gravité du propos des *Grandes Marées* par une légèreté qui court tout au long du récit, et par la pudeur du langage. Lise Gauvin écrit : « La critique sociale, pour être féroce, n'en est pas moins divertissante et efficace, dans la mesure où rien, ici, n'est lourdement appuyé, l'auteur se contentant de mettre en situation ses personnages au moyen de courtes scènes visuelles (on en compte 43), et laissant au lecteur le soin de combler les marges du non dit[12]. » Réginald Martel parle à cet égard d'une « exceptionnelle et improbable réussite [...] soutenue encore une fois par l'écriture allusive, réduite au minimum, jamais appuyée d'un romancier qui tient bien plus à dire qu'à démontrer [13]. »

Disons-le : aux yeux de la critique, *Les Grandes Marées* apparaissent comme « une espèce de parachèvement en notre littérature d'imagination[14]. » Or, suivant en cela François Ricard, je dirais volontiers que *Les Grandes Marées* mettent à contribution deux niveaux d'ironie, de discours, donc : sociologique et métaphysique. Le premier niveau offre « la caricature de tout ce que la société moderne peut compter de techniciens de la vie privée, dont la mission est de faire le bonheur de l'homme à tout prix [...][15]. » J'étudierai dans un premier temps cette double articulation sociologique-métaphysique ; et, dans un second, dans la continuité des chapitres précédents, je proposerai une lecture de l'espace, dont le rôle dominant, voire structurant, s'impose plus que jamais dans ce cinquième roman.

Le bonheur, une affaire personnelle

Selon Paul Socken, *Les Grandes Marées* se distingue des autres romans de Jacques Poulin en ce qu'il est le seul « qui illustre en détails une critique sociale à laquelle il n'est fait qu'allusion ailleurs[16]. » En effet, l'œuvre recrée une société qui, dans son élaboration progressive, s'oppose à un monde d'harmonie, un paradis perdu. En cela, « la structure de surface du roman est clairement une version ironique de la création biblique[17]. » Ainsi, ajoute Socken, les noms de Matousalem, Hagar, Eden dénotent des références bibliques ; le langage même du roman est emprunté au discours biblique, par des expressions comme « Au commencement… » (9) ou des allusions au Paradis terrestre. Comme Adam et Ève, Teddy et Marie vivent au Paradis terrestre, puis en sont chassés, à la fin du roman.

La critique sociale établit cependant une distinction nette entre le récit biblique et *Les Grandes Marées.* Car, contrairement à Adam et Ève qui sont chassés du Paradis parce qu'ils ont accédé à la connaissance, Teddy et Marie quittent l'Île Madame à cause « des autres », c'est-à-dire tous les personnages qui, de Tête Heureuse au père Gélisol, apportent leur dose d'agressivité, de rationalité.

Ce premier niveau, celui de la critique sociale, se construit en trois temps principaux : le Paradis terrestre, l'envahissement, l'exil. Examinons tour à tour ces trois moments mais, auparavant, disons quelques mots sur le Créateur de cette situation, le patron.

« Mon rêve, c'est de rendre les gens heureux. C'est pour ça que vous êtes ici, dans l'île » (54). Dieu ou démiurge, le patron répond ainsi à deux des désirs de Teddy : s'installer sur une île déserte (14) et avoir une « compagne » (16). Jusque-là, le patron fait du bon travail. Cependant, ce patron présente une contradiction qui se répercutera dans son œuvre : homme d'affaires qui prétend donner aux autres le bonheur (13), il se décrit également comme « le poète de la Finance » (50). Son œuvre de philanthrope et de poète s'incarnera dans la première partie du roman ; mais les affaires et la finance détruiront ensuite les réalisations initiales. Le patron porte en lui les deux grands paradigmes de la société : la guerre et la paix, la raison et la sensibilité, la productivité et la tranquillité, l'avoir et l'être. Mais quelle est-elle, au juste, cette première partie des *Grandes Marées* ?

Il s'agit, en effet, du paradis terrestre, de l'Éden. Celui-ci est réalisé en deux temps : la création de l'homme, puis celle de la femme, qui n'est pas son complément, mais l'autre sujet qui manque à l'équilibre humain et, même, géographique. Car il est juste de dire que la formation du couple Teddy-Marie crée un bonheur paradisiaque tant chez l'homme que chez la femme. Pour Teddy, c'est un « sentiment de bien-être » (36), un équilibre amour-travail qui s'installe (37) ; il n'en va pas autrement pour Marie, qui exprime ainsi son état d'être : « Je suis heureuse ! dit-elle. Ça m'est arrivé tout d'un coup » (59). Cette fois, le patron ne s'était pas trompé : « j'ai pensé que vous auriez plus de chances d'être heureux à deux » (54). Bref, une sorte d'équilibre est atteint, dont les propos de Teddy désignent les éléments essentiels :

> Je me sens toujours bien quand il n'y a pas d'agressivité… Et, quand je suis arrivé ici, dans l'île, il n'y en avait pas du tout. Alors j'étais bien et je pensais… mais depuis que tu es là, c'est encore plus agréable et je ne me suis jamais senti aussi bien de toute ma vie. (60)

Pourtant, une fatalité semble planer au-dessus de Teddy, comme s'il devait entraîner en lui-même de sa propre perte. Comment interpréter autrement son aliénation face à la technique et à la raison ?

Les forces de la société technique, même durant cette phase paradisiaque, contrôlent une partie de la vie de Teddy, en l'occurrence dans le jeu et le travail, dénotant une aliénation consentie dans le premier cas, et inconsciente dans le second.

En ce qui a trait au jeu, le Prince, machine avec laquelle Teddy joue au tennis, revêt des allures presque humaines. Il fait « une forte impression » sur Marie qui le voit pour la première fois (32), au point qu'elle dit le trouver « très beau » (34). Cet engin doué d'un cerveau, mais supérieur à l'homme parce qu'il « ne commet jamais d'erreur » (33), fait partie d'un rapport accepté par Teddy ; il annonce cependant un autre cerveau mécanique lui aussi supérieur à l'homme, non dans le domaine du jeu, mais dans celui du travail. Il s'agit ici d'Atan, cerveau électronique qui traduit en deux minutes les bandes dessinées que Teddy s'esquintait à rendre en français avec une difficulté et une lenteur excessives. Depuis le début, on le sait, Teddy travaillait en pure perte, cet Atan, homme, mâle (174) traduisant de manière autrement plus efficace.

Il peut sembler curieux que, en apprenant cette nouvelle, Teddy souffle sur sa main droite, car ce fait accentue l'aliénation, symbolisée par le refroidissement. Or, là encore, les symptômes sont apparus dès la première phase, édénique, des *Grandes Marées.* Rappelons ce fait qui aurait pu échapper à l'attention. Si cette première partie de bonheur s'étend sur les chapitres 1 à 13, le 14e racontant l'arrivée de Tête Heureuse, il faut remarquer certaines caractéristiques de ce 13e chapitre qui annoncent la fin d'un monde. D'une part, pour la première fois, Teddy ressent des douleurs qui prendront de l'importance plus loin ; d'autre part, et surtout, une image de violence marque la fin de ce chapitre lorsque, rendus sur l'île aux Ruaux, Teddy et Marie s'approchent d'un vieil homme à l'allure militaire et au corps qui semble pétrifié (62-63). Comme s'il s'agissait d'un alter ego, c'est ce vieil homme que Teddy verra à nouveau, à la fin du roman, après avoir été chassé de l'île Madame. La signification de cette rencontre est ambiguë car, en même temps que « le milieu ambiant [...] envahit l'organisme » (157), allusion aux multiples envahisseurs de l'île, en même temps également tout laisse croire qu'une fatalité inscrite dans l'Homme annonçait cette baisse de température, ce refroidissement de l'être, ce dépérissement de l'humanité en soi qui évoque la carapace de Pierre, dans *Mon cheval pour un royaume.*

L'aliénation due aux excès de la raison, qui rappelle elle aussi *Mon cheval pour un royaume*, se traduit dans tout l'humour de la recette de « La tarte aux biscuits Graham » (chapitre 10). Teddy mesure, suppute, divise et subdivise sa recette et finit par se perdre dans ses chiffres. Il ne faut pas s'étonner qu'apparaisse alors la voix de Théo, l'imaginaire débridé, spontané, version de ce que Teddy n'est absolument pas : « Je ne connais personne qui ait des habitudes plus régulières que toi ! » (42) Ce qui se donne une douce allure de reproche indique aussi l'autre façon d'aborder les choses : « On fait ça au hasard » (42).

La dégradation couvre ensuite, on le sait, presque tout le reste du roman, plus précisément les chapitres 14 à 39. Il est inutile de revenir sur la symbolique évidente de chacun des personnages envahisseurs, que j'ai décrits à l'occasion du résumé des *Grandes Marées*. Ce qu'il y a davantage lieu de noter, et qui les rassemble presque tous, c'est leur agressivité vis-à-vis de ce que j'appellerai la « géographie humaine » de l'île.

Isolons quelques personnages à titre d'exemples, en commençant par Tête Heureuse. Alors que Teddy et Marie habitaient chacun à un bout de l'île, l'un à la Maison du Nord et l'autre à la Maison du Sud, Tête Heureuse vient bouleverser cette disposition humaine. Elle oblige Marie à émigrer avec elle au Nord et Teddy à s'installer au Sud. La géographie humaine est dès lors transformée, et l'on sera à même de mesurer les conséquences de cette mutation dans la section suivante, consacrée à l'espace. Brossons plutôt ici un portrait-charge : le professeur Mocassin altère également la configuration spatiale. Il procède à une analyse du sentier qui traverse l'île, et le court de tennis nuit à ses recherches : « pour les compléter, il se voyait dans l'obligation de creuser le court de tennis afin de mettre au jour les vestiges d'un tronçon de sentier [...] » (192). L'espace du jeu se voit à son tour menacé. Autre exemple : l'Auteur qui, lui aussi, grâce à l'aide de l'Animateur, exprime son agressivité spatiale : « C'est pas compliqué, je veux avoir la Maison du Sud ! » (169). L'Homme Ordinaire n'est guère mieux, puisqu'il veut enlever à Marie son espace, la chambre des machines (140). Quant à l'Animateur, il songe à prendre la chambre que l'Auteur libérerait s'il occupait la Maison du Sud (172). Chacun des personnages de la deuxième partie décristallise l'espace harmonieux de l'équilibre initial.

Sans doute n'est-ce pas l'effet du hasard si justement apparaissent, durant ce long processus de dépossession, les métarécits, presque inévitables dans le roman poulinien. Or, ici ils énoncent clairement leurs discours malheureux, que ce soit l'histoire de Toussaint Cartier (93-95), de l'écriture (120-122) ou du grand Onychoteutis (178-183). Chacun de ces trois métarécits possède une fin désolante. Celle de Toussaint Cartier se clôt par un questionnement sur le sens de la vie et du travail à propos duquel Teddy avoue : « J'ai rien trouvé du tout, dit-il piteusement » (96). Que dire de l'histoire de l'écriture ? « Ça finit mal, dit Teddy » (122). Enfin, la légende du grand Onychoteutis : « Je regrette que l'histoire ait mal tourné », dit Teddy (183). L'ambiguïté de cette dernière phrase est par ailleurs intéressante, puisqu'elle concerne à la fois le métarécit et l'histoire première des *Grandes Marées*; d'ailleurs, on retrouvera cette légende et son importance dans l'étude spatiale.

Eden blues, donc (140), c'est-à-dire la fin d'un paradis terrestre qui fut de bien courte durée et qui, sous la pression des autres, a détruit l'espace amoureux ; adieu Marie (chapitre 40), adieu l'île Madame (chapitre 43), voilà le sens de cette courte troisième partie (chapitres 40 à 43), celle de la disjonction spatiale. Marie quitte d'abord l'espace insulaire, consciente qu'elle est désormais incapable de réchauffer la main de Teddy (184). À son tour, persona non grata, Teddy sera pour sa part chassé de l'île par les autres personnages (198-199). Les courants le conduisent au seul lieu possible, l'île aux Ruaux, gîte d'un habitant à « la peau dure comme la pierre » (201) : Teddy lui-même.

Le paradis terrestre, l'envahissement, l'exil : ces trois mouvements portent donc une critique sociale manifeste, constituant le premier palier de lecture des *Grandes Marées*. Reste à savoir, maintenant, où se trouve l'essence de la deuxième strate, que Ricard qualifiait de métaphysique. Est-elle de nature individuelle ?

Voilà, en tout cas, l'avis de la plupart, sinon de tous les analystes des *Grandes Marées :* le bonheur est d'essence individuelle. Établissant une dichotomie société/individu, Paul Socken écrit :

> *Les Grandes Marées* tout comme *Jimmy*, place en son centre un mythe traditionnel — la création, dans la Bible — juxtaposé à une quête personnelle qui, jusqu'à un certain point, domine ce mythe. Le mythe extérieur structure et oriente l'histoire, mais l'angoisse d'une recherche individuelle devient le point focal et le véritable centre du roman[18].

Jean-Pierre Lapointe abonde dans le même sens, avec cependant une nuance additionnelle :

> Le déroulement allégorique des *Grandes Marées* et les évocations répétées du « Grand rêve de l'Amérique » dans *Faites de beaux rêves* et *Volkswagen blues* montrent clairement que le bonheur collectif est irréalisable.
>
> Le bonheur est donc affaire d'individus. Il se trouve peut-être dans une patiente harmonie de l'individu avec son milieu et peut-être aussi dans la capacité d'aimer[19].

Peut-être dans la capacité d'aimer ? J'irais pour ma part plus loin et dirais que le bonheur repose, dans *Les Grandes Marées* à tout le moins mais aussi dans toute l'œuvre de Poulin, dans la capacité d'aimer, dans l'accomplissement du rapport amoureux entre l'homme et la femme. Comment interpréter autrement la première partie des *Grandes Marées*, où Teddy, seul dans l'île, souffre d'un manque qui sera comblé par Marie ? La douce harmonie qui s'installe, de manière éphémère certes, entre les deux, le rapport à l'espace qui traduit ce bonheur (« Depuis que la fille était là, il avait l'impression que l'île était plus petite », p. 40), le souci de ne rien changer à cet environnement humain (« on va laisser l'île exactement comme elle est. On ne changera rien du tout », p. 60) portent à un des temps les plus forts ce fugitif moment où homme, femme et espace se trouvent en état d'équilibre. C'est nécessairement vers l'espace que nous dirige l'analyse des *Grandes Marées*, puisque, plus que jamais, c'est dans et par l'espace que se disent les rapports humains, dans cette fable de « l'appropriation du paysage[20]. »

L'amour, l'espace d'une île

La spatialité de l'île agence toutes les données du roman en une structure verticale aux extrêmes familiers : Maison du Nord et Maison du Sud, avec, pour les relier, le sentier. Mais pareille disposition ne peut être qualifiée d'eutopique[21] que si elle représente un paysage humain d'harmonie. Tel sera le cas lorsque, seul moment de bonheur du récit — « On était bien dans l'île » (143), regrettera plus tard Marie —, Teddy occupera la Maison du Nord, Marie, la Maison du Sud, et qu'en outre le Nord et le Sud s'harmoniseront, sans fusionner. Le sentier, jonction entre le haut et le bas, en vient presque à s'effacer dans l'harmonie du Nord et du Sud. Disposition sans doute la plus totale, la plus accomplie de toute l'œuvre de Poulin, cet équilibre Nord/Sud distribue de nombreux autres éléments de nature non spatiale : au Nord, le travail des mots, de l'écriture, des habitudes, de la mesure et de la raison (voir par exemple, 42) et, au Sud, le repos, la chaleur, la lenteur (19, 47). L'arrivée des autres personnages bouleversera la structure eutopique ; retenons, pour l'instant, que la réalisation même de l'état d'harmonie s'avère indissociable d'une représentation spatiale binaire. Le gommage de l'un des deux pôles rompt irrémédiablement ce fragile et rare équilibre.

La structure de l'île, dans *Les Grandes Marées*, présente deux pôles, le Nord, lieu de Teddy, du travail des mots, et le Sud, lieu de Marie, de la chaleur et du repos ; cette représentation s'avère eutopique dans la mesure où l'harmonie s'établit entre ces deux extrêmes, au moyen du sentier qui lui-même tend à rapetisser. Et l'on voit la différence fondamentale entre *Les Grandes Marées* et les quatre romans précédents : la disposition de l'espace informe ici toute la matière romanesque et plus particulièrement le jeu même des personnages.

Prenons le cas de Tête Heureuse, première intruse après l'harmonie Teddy-Marie. L'arrivée de ce nouveau personnage influe sur la disposition eutopique et bouleverse ainsi complètement la structure de l'espace : pour accommoder la nouvelle venue, Teddy décide d'émigrer au Sud, afin d'y travailler. C'est le début de la déchéance, car il ne trouve « pas la paix à la Maison du Sud » (77). Distractions, entorse lombaire suivent ; plus encore, Teddy entreprend « de longues discussions imaginaires avec son frère Théo » (78). Le sentiment d'une perte, d'une dégradation apparaît ici, manifestant la précarité de l'eutopie, mais aussi sa nature véritable ; il ne s'agit pas pour l'homme d'occuper le Sud, car Teddy serait alors aussi bien dans la Maison du Sud, mais bien d'allier à la fois le Nord et le Sud, de ne pas privilégier un seul des deux lieux et encore moins de les inverser. La quête du Sud ne doit pas se faire au détriment de celle du Nord.

Les choses, les êtres n'étant désormais plus à leur place, l'agressivité s'installe. Tête Heureuse a renversé la disposition de l'île ; l'arrivée des deux hommes complique davantage l'insertion dans l'espace et l'un deux, l'Auteur, provoque Teddy au tennis, lequel était pratiqué auparavant dans la seule optique d'une maîtrise du mouvement, sans esprit de compétition. Résultat ? « [...] Il commence à y avoir trop de monde pour mon goût... » (116), dit Marie. Le professeur lui-même, par la rationalisation qu'il projette sur la structure spatiale de l'île, transforme l'intime et le vécu en objet d'analyse, geste agressif. Posant les douze feuilles qui reproduisent l'espace insulaire, il est intrigué par le sentier sinueux et ne comprend pas que les courbes ne sont pas « justifiées par le besoin d'éviter un obstacle » (139). Son acharnement pour trouver la réponse l'amènera à vouloir détruire le court de tennis afin de révéler les courbes manquantes (129) ; sa destruction de l'espace, née d'un besoin rationnel, ne s'accorde pas avec le jeu et le plaisir du mouvement, ce sentier étant pourtant nécessaire à l'eutopie. L'espace harmonieux subit un nouvel assaut.

L'intervention humaine fissure donc l'eutopie, au point de la rendre méconnaissable. Teddy et Marie vont en sortir, en être rejetés, l'un vers le Nord, l'autre vers le Sud, mais hors de l'île.

Marie évoque bien cette rupture dans les deux histoires qu'elle raconte, l'une à l'époque de l'harmonie, l'autre, au seuil de la cacotopie. La première de ces deux histoires s'accorde avec l'insularité eutopique, en posant les représentations de l'eau, de la femme, dans une division haut/bas :

> Je vis dans un puits. Je vis comme une fumée dans un puits, comme un souffle dans une gorge de pierre : je ne fais rien, qu'attendre. Au-dessus de ma tête j'aperçois les froides étoiles de la nuit et les étoiles du matin — et je vois le soleil. [...] Je suis brume, clair de lune et souvenir (48).

L'aveu du sentiment de bien-être qui suit ce texte témoigne de la réalisation de l'eutopie. Mais la seconde histoire de Marie, et justement la dernière qu'elle raconte, peut se résumer ainsi : un cachalot, dans les mers du Sud, plonge dans les profondeurs et, dans l'obscurité totale, doit affronter le grand Onychoteutis. « Il fait très froid au fond de la mer » et le cachalot « va être obligé de livrer le combat le plus dur de toute sa vie » (181). Mais il décide tout simplement de ne pas se battre et remonte à la surface. L'histoire de Marie inverse radicalement la structure de l'espace, où le bas est maintenant lieu de froid, d'obscurité, voire d'agressivité. Marie annonce sa sortie de l'espace désormais cacotopique de l'île, comme le cachalot qui refuse la lutte ; le lendemain, elle est partie, et l'Auteur dit qu'il l'a vue se diriger « vers le sud » (189).

La dégradation de l'espace influence Teddy d'une autre façon : en le durcissant, en le rendant engourdi et froid. Sa main raidie l'empêche peu à peu de jouer au tennis, à un point tel que tout son être se fossilise à la fin : bref, ce n'est plus la « pierre en marche vers l'extase » de *Mon cheval pour un royaume*, mais le contraire, c'est-à-dire l'extase en marche vers la pierre, et l'on connaît maintenant la signification de cette mutation sur le plan de la représentation spatiale. La cacotopie s'installe progressivement dans *Les Grandes Marées*, si bien que Teddy, ce n'est pas seulement Pierre, c'est aussi Jimmy, dans la dérive finale. « Vous n'aurez qu'à vous laisser emporter par le courant » (199), lui dit l'Auteur. Ce courant l'entraîne inévitablement « vers le nord » (200), vers le royaume de la pierre de l'île aux Ruaux, pendant qu'il voit les oiseaux se diriger vers le Sud.

Les Grandes Marées se comprennent donc à partir d'une dislocation entre le Nord et le Sud de l'île, consécutive à l'harmonisation de ces deux mêmes pôles, représentés par les deux maisons symboles de l'homme et de la femme, et affirment d'une manière décisive la nécessité de recourir à une perspective spatiale globale pour comprendre les mouvements du récit. Il en va de même pour *Volkswagen blues*, qui va accentuer la quête du Sud de manière pour le moins spectaculaire.

Notes

1. Lise Gauvin, « De la légende à l'histoire et à l'histoire de soi », *Letters in Canada 1978, University of Toronto Quarterly*, 48, 4 (été 1979), p. 331.

2. Gilles Dorion, « Romans. *Les Grandes Marées* », *Québec français*, 31 (octobre 1978), p. 6.

3. Joëlle Gardes-Tamine et Marie-Claude Hubert, *Dictionnaire de critique littéraire*, p. 11.

4. Lise Gauvin, « Une voix discrète », *Le Devoir* (29 avril 1978), p. 33.

5. Gabrielle Poulin, « *Les Grandes Marées* de Jacques Poulin ou la genèse… en bandes dessinées », *Relations*, 38, 437 (mai 1978), p. 155.

6. Lise Gauvin, « Une voix discrète », *Le Devoir* (29 avril 1978), p. 33.

7. Jacques Nolin, « *Les Grandes Marées* », *Nos livres*, 9 (juin-juillet 1978), n° 250.

8. Jean-Pierre Lapointe et Yves Thomas, « Entretien avec Jacques Poulin », *Voix et images*, 43 (automne 1989), p. 14.

9. François Ricard, « Jacques Poulin: Charlie Brown dans la Bible », *Liberté*, 20, 117 (mai-juin 1978), p. 88.

10. André Renaud, « Jacques Poulin, *Les Grandes Marées* », *Voix et images*, 5, 1 (automne 1979), p. 194.

11. Gilles Dorion et Cécile Dubé, « Entrevue. Jacques Poulin », *Québec français* (mai 1979), p. 35.

12. Lise Gauvin, « Une voix discrète », *Le Devoir* (29 avril 1978), p. 33.

13. Réginald Martel, « Un très beau livre qui reste ouvert », *La Presse* (13 mai 1978), p. D-3.

14. André Renaud, « Jacques Poulin, *Les Grandes Marées* », *Voix et images*, 5, 1 (automne 1979), p. 193. Parachèvement qui, toutefois, ne s'est pas poursuivi dans l'adaptation cinématographique du roman, « qu'une réalisation bâclée et inintelligente a littéralement démoli » (Marc Sévigny, « Cinéma québécois : les écrivains à la rescousse », *Nuit blanche,* 10 (automne 1983), p. 49).

15. François Ricard, « Jacques Poulin : Charlie Brown dans la Bible », *Liberté*, 20, 117 (mai-juin 1978), p. 85-88.

16. Paul Socken, *The Myth of the Lost Paradise* [...], p. 49 (je traduis).

17. Paul Socken, *The Myth of the Lost Paradise* [...], p. 49 (je traduis).

18. Paul Socken, *The Myth of the Lost Paradise* [...], p. 110 (je traduis).

19. Jean-Pierre Lapointe, « Sur la piste américaine : le statut des références littéraires dans l'œuvre de Jacques Poulin », *Voix et images*, 43 (automne 1989), p. 17.

20. Réginald Martel, « Un très beau livre qui reste ouvert », *La Presse* (13 mai 1978), p. D-3.

21. Je distinguerai à partir de maintenant entre l'*eutopie* et la *cacotopie*. L'eutopie désigne l'espace *positif* regroupant un ensemble d'éléments spatiaux ou non spatiaux ; la cacotopie renvoie, bien sûr, au contraire de l'eutopie, c'est-à-dire un espace *négatif*, de dégradation. Voir à ce sujet Claude-Gilbert Dubois, « Éléments pour une géométrie des non-lieux », *Romantisme*, 1-2 (1971), p. 191.

Volkswagen blues: quand ni le Sud ni l'Or ne suffisent

Hero today, bum tomorrow.

Doug Harvey, joueur du Canadien,
après un but victorieux en prolongation.

« Et lorsqu'ils avaient trouvé l'Amérique, pour eux c'était le vieux rêve qui se réalisait et ils allaient être libres et heureux. Ils allaient éviter les erreurs du passé. Ils allaient tout recommencer à neuf » (101). Déjà, en 1979, on demanda à Poulin à propos de son prochain roman : « ça parle de quoi ? ». Il répondit : « De l'Amérique[1]. » Le sixième roman de Jacques Poulin est bien celui du « grand rêve d'Amérique », transportant ses fidèles lecteurs dans un espace à la fois transformé et élargi. L'espace apparaît en effet d'une grandeur inouïe lorsqu'il est comparé à celui d'autres œuvres : Québec, une piste de course, une île près de l'île d'Orléans. Attachons nos ceintures, c'est l'Amérique du Nord que *Volkswagen blues* parcourt, et en minibus de surcroît.

Deux personnages, Jack Waterman et Pitsémine, partent à la recherche d'un troisième, Théo, le frère de Jack ; ce périple parsemé de signes les mène de Gaspé à San Francisco, le long d'un itinéraire où petit à petit s'étiole l'image du frère-héros. Or, tenter de comprendre *Volkswagen blues*, c'est obéir à cette nécessité du voyage, chercher, par conséquent, les tenants et aboutissants du déplacement symbolique de Jack et de Pitsémine. Quel est le *sens* de ce voyage ? Selon quelle nécessité interne se déroule-t-il ? Que faut-il comprendre de son issue apparemment désolante ?

« L'histoire ne fait rien d'autre que de raconter la vie dans le temps ; le roman dans son ensemble — si le roman est bon — prend aussi en compte les valeurs de la vie[2]. » Forster estime que, dans le roman, l'allégeance au temps est nécessaire. Sans doute a-t-il raison... sauf pour le cas de Poulin ! Car ce qu'on observe, dans l'ensemble des romans, c'est la répétition temporelle : l'intrigue commence souvent au printemps et se termine à l'automne. Cette récurrence crée une sorte d'anesthésie du temps, le banalisant par la ressemblance ; par contre, une nouvelle dimension peut alors poindre dans toute son importance créatrice : l'espace.

Je proposerai donc ici quelques pistes de lecture pour établir la manière dont *Volkswagen blues* crée, par son texte même, un espace orienté ; mais d'abord, je dégagerai quelques éléments de réflexion sur la recherche d'un frère, la recherche de l'autre et, en fin de compte, du discours identitaire ; cet espace qui mène à l'identité apparaîtra en fait comme une quête intérieure, personnelle, et conduira enfin à étudier la fin du roman, intimement liée à l'échec de la quête de l'or américain. Voilà pour ma part le voyage que je propose dans *Volkswagen blues*, après quelques mots sur la façon dont l'œuvre a été reçue à sa parution.

De Gaspé à San Francisco

Après la défaite de Stewart dans la course des Formules I, Théo, déçu, pense malgré tout à la prochaine compétition : « Les filles embarquent avec nous et on s'en va tranquillement dans le Sud » (162). Cela se passait dans *Faites de beaux rêves*, et c'est ce même Théo qui est maintenant au cœur d'une longue quête dont l'origine, les étapes et l'issue représentent les temps forts de l'intrigue de *Volkswagen blues*.

Le voyage s'amorce dans des circonstances plutôt fortuites. Le personnage principal, Jack Waterman, écrivain il va sans dire, vient d'avoir quarante ans. Sans être tout à fait certain qu'il doit en blâmer l'âge, il ressent « l'impression que tout s'écroule [...] » (14). Il pense alors à son frère, son « plus grand chum d'autrefois » (14) et, désirant le retrouver, il cherche la dernière carte reçue de lui. C'est dans un livre, *The Golden Dream*, qu'il trouve une étrange carte postale placée là il y a très longtemps ; en fait, Jack n'a pas vu Théo depuis quinze ou vingt ans, si bien que le voyage en vue de le revoir ne s'annonce pas facile.

Jack pourra cependant compter sur une compagne de voyage d'origine amérindienne, Pitsémine, surnommée la Grande Sauterelle, auto-stoppeuse qu'il fait monter dans son Volks. Tous deux se dirigent vers Gaspé, la fille pour dire bonjour à quelqu'un et Jack pour comprendre le sens de cette carte postale que Théo a postée en Gaspésie, et qui contient un extrait de la relation du premier voyage de Jacques Cartier.

S'amorce ensuite le périple de Jack et de la Grande Sauterelle, qui décide d'accompagner l'écrivain dans la recherche de son frère. Impossible, et inutile d'ailleurs, d'évoquer chacune des étapes de leur voyage : Toronto et l'édifice de la Royal Bank, Detroit et la murale de Rivera, la rencontre avec l'écrivain Saul Bellow, etc. Chaque lieu, rencontre ou livre est l'occasion pour les deux personnages de découvrir de nouveaux indices qui les conduisent inexorablement vers le terme de leur périple, c'est-à-dire Théo, à San Francisco.

Mais quelle déception attend Jack ! Pourtant, plusieurs indices au cours de son voyage lui avaient suggéré la possibilité que Théo fût un bandit (145), que les héros pussent chuter (170), qu'il pût y avoir un rapprochement à faire entre Théo et Judas le traître (267). Jack aura traversé l'Amérique d'est en ouest pour se trouver face à un Théo handicapé, souffrant de *creeping paralysis* et incapable de reconnaître ce frère qui l'a tant cherché.

L'échec est néanmoins une révélation pour Jack : « Peut-être que j'aimais seulement l'image que je m'étais faite de lui » (289), avoue-t-il en fin de compte, interrogation qui le conduit à ce souhait : « Il va falloir un beau jour que j'apprenne comment ça marche, les rapports entre les gens [...] » (289).

De toute évidence, les signes qui balisent le parcours de Jack et de la Grande Sauterelle, de même que l'échec des rapports avec Théo révèlent un mouvement vers l'autre, une appropriation de l'autre qui, comme enjeux fondamentaux de *Volkswagen blues*, devront être étudiés plus loin, c'est-à-dire immédiatement après ce regard sur la réception critique du roman.

À l'exception de Gilles Marcotte, qui convient que « dans un aussi long voyage, il y a des longueurs[3] », mais aussi des moments de « charme absolu », tous les critiques ont loué *Volkswagen blues* : « Un grand, un très beau livre[4] » ; « un livre qu'on lit d'un trait mais qu'on voudrait savourer à petites doses pour mieux faire durer le plaisir[5] » ; « la réussite est plus impressionnante que jamais[6] ». À quoi tiennent pareilles appréciations ?

L'écriture de Poulin se dépouille d'un roman à l'autre, si bien que, au sujet du *Vieux Chagrin*, un critique se demandera s'il n'a pas été écrit avec un dictionnaire de *Basic French*… Or, cette simplicité est aussi une qualité :

> L'écriture de Poulin est précise, vive, suggestive. Elle est pudique quand il le faut, charnelle quand c'est le temps, toujours au diapason de l'action ou de l'enjeu spirituel. Elle est principalement discrète : ce que vous lisez est la partie visible de l'iceberg, la façade de la maison ; il y a toujours beaucoup plus, en-dessous, derrière, dedans[7].

« Le style est l'homme même », dit Buffon au XVIIIe siècle. Et pourquoi pas encore au seuil du XXIe siècle, si l'on en croit l'auteur lui-même :

> Je passe mon temps à épurer mon style, à en expurger les adjectifs et les adverbes, à déshabiller la phrase. Le résultat est à peu près à mon image : je vis modestement, dans une maison prêtée par des amis, avec beaucoup de calme et avec tout mon temps[8].

Cette écriture n'est évidemment pas tout ; si elle sait faire voir sans se faire voir, elle n'en demeure pas moins au service d'un récit, d'une quête qui constitue l'essentiel de *Volkswagen blues.* Mais quel en est le sens, l'enjeu ? Simplement le constat de « la mort du héros[9] » ? Ou bien « la perte du géant qu'était Théo » libère-t-elle

« un gain, tout au moins un changement important, pour l'autonomie d'écrivain de Jack […][10] » ? Décodons les signes, explorons les pistes pour maintenant pénétrer le continent américain et la direction, le *sens* du voyage de Jack Waterman et Pitsémine, dite la Grande Sauterelle. En premier lieu, cette lecture exige que l'on saisisse l'espace, dans *Volkswagen blues*, comme étant orienté ; en d'autres mots, les lieux sont fléchés, et notre tâche sera de décoder ce jeu de signalisation. Dans un deuxième temps, il s'agira de réfléchir à l'objet de la quête dans l'espace, en l'occurrence Théo, le frère. N'est-il qu'un frère ? Représente-t-il quelqu'un d'autre ? Représente-t-il l'*Autre* ? Enfin, il faudra ramener cette quête Théo-américaine à sa véritable dimension d'une quête intérieure, d'une quête de soi, l'envers d'une quête de l'or avortée.

Le chemin vers soi : la mort du héros

Tout commence par une carte postale : « le texte qui se trouvait à l'endos était tout à fait illisible à l'exception de la signature : Ton frère Théo »(12). Cette carte qui, pourtant, dort depuis des années dans un livre de Walker Chapman, *The Golden Dream*, resurgit à cause d'un événement moins heureux, un état d'âme, pis encore, un état d'être chez Jack qui le déstabilise : « Il y a des jours où vous avez l'impression que tout s'écroule… en vous et autour de vous, dit-il en cherchant ses mots. Alors vous vous demandez à quoi vous allez pouvoir vous raccrocher… J'ai pensé à mon frère. C'était mon grand chum autrefois » (14).

Une carte postale, certes, mais qui fait naître un sentiment d'incomplétude chez Jack, un besoin de retrouver le frère, telles sont les voies, mais, surtout, les énigmes qui ouvrent *Volkswagen blues*. Le début s'appuie sur une carte postale qui réclame une lecture, un déchiffrement, une herméneutique, pour tout dire.

Ginette Michaud a analysé, avec beaucoup de pertinence, la signification ambiguë de cette carte illisible qui appelle à une lecture. Jack, le découvreur de la carte postale, amène le lecteur de *Volkswagen blues* à chercher avec *The Golden Dream* quelque lien avec la recherche de Théo. Quant à la Grande Sauterelle, elle se demande si Théo, « c'était un historien ou quelque chose du genre[11]. » En outre, la carte, « une sorte de message » (15), lance une poursuite digne d'un roman policier. C'est ce qui amène Ginette Michaud à conclure : « L'histoire, le Mythe, le Récit de voyage, l'Utopie, le Policier sont donc convoqués tour à tour comme autant de pistes de lecture, comme autant d'interprétations possibles de la carte illisible. » Voilà, certes, une « œuvre ouverte », selon l'expression rendue fameuse par Umberto Eco durant les années soixante, une œuvre que l'on qualifie aujourd'hui de postmoderne en ce qu'elle comporte plusieurs horizons littéraires, plusieurs genres en guise de codes interprétatifs, et aussi parce qu'elle donne, d'entrée de jeu, ses propres pistes de lecture. Toutefois, ce n'est pas tout de dire que *Volkswagen blues* ouvre un carrefour de lectures ; c'est même trop peu, parce que le roman resserrera ensuite cette liberté initiale, sinon en refermant les possibilités, du moins en plantant, tout au long de son parcours narratif, une série de poteaux indicateurs qui orientent l'activité interprétative.

Dès lors, s'il ouvre une richesse du sens, le récit postmoderne, *Volkswagen blues* donc, compense en quelque sorte le risque de dérapage par un balisage des pistes. Et rien n'indique que *Volkswagen blues* ne propose qu'une seule piste ; au contraire, celles-ci sont nombreuses, et je retiens volontiers les quatre pistes qu'a proposées Jean-Marc Lemelin.

La piste de la voiture

Le vieux Volks ramasse comme en creux l'enjeu du roman. D'origine européenne (il a été acheté en Allemagne), il termine sa carrière à San Francisco, où il sera offert à Pitsémine qui en fera sa nouvelle demeure (288). En outre, le minibus permet un voyage dans l'espace-temps : à la piste de l'Oregon qui renvoie au passé succède celle de la Californie, lancée vers l'avant, vers un prochain livre de Jack Waterman (289). En bref,

> la voiture suit, d'Est en Ouest et du Nord au Sud, la piste des pionniers, des émigrants, des voyageurs, de Théo : la piste de la voiture, la piste du voyage, c'est la piste de l'aventure ; c'est l'écriture ou le récit de l'aventure à travers l'Amérique[12].

La piste des œuvres ou des textes

Nombreux sont les livres dans *Volkswagen blues*, si bien que lire ce roman, ce n'est pas simplement suivre le voyage des personnages ; tout autant s'agit-il d'emprunter la piste de leurs lectures, de leurs chansons, des œuvres d'art. Cette piste se comprend grâce à l'inscription, en allemand, sous le pare-soleil du conducteur : *Die Sprache ist das Haus des Seins* (85). À défaut de connaître l'allemand, on se reportera à *Faites de beaux rêves* (78), qui a déjà livré le sens de cette phrase : « le langage est la maison de l'être ». Cette piste du langage, de l'intertextualité, je la reprendrai plus loin, car c'est aussi celle de la quête de l'Autre.

La piste des noms propres

Une encyclopédie de noms propres, au dire de Lemelin. Oui, des écrivains deviennent des personnages (Saul Bellow et Lawrence Ferlinguetti), des personnages principaux qui sont désignés par un surnom, comme Théo qui se prend pour Superman ou Dieu, « convaincu qu'il était capable de faire tout ce qu'il voulait » (137 ; en italique dans le texte). Bref, la piste des noms propres ouvre celle de la recherche de l'identité, de la nomination de soi.

La piste du nom propre et la quête d'identité

Cette dernière piste, sans doute l'une des plus importantes, correspond à la recherche de l'identité individuelle, identité nominale et fonctionnelle (l'écrivain) chez Jack Waterman, ethnique chez Pitsémine, sexuelle chez l'un et l'autre, la figure de l'androgyne marquant tout le roman. « Je vais me déguiser en *male guest* » (66), dit Pitsémine au YMCA ; quant à Jack, il prétend être un « faux doux » (211). Théo, dont la quête d'identité est bien sûr un échec, demeurera un « unidentified man » (267, en majuscules dans le texte) passé de *chum* à *bum*.

Ces quatre pistes correspondent, chacune à sa manière, à une quête d'identité personnelle dont l'issue apparemment décevante ne doit pas porter ombrage à l'importance de ce long voyage somme toute intérieur. Il est vrai que Jack Waterman ne se trouve pas de nom francophone, mais l'écroulement du grand rêve américain le pousse, à la fin, à se lancer dans l'écriture d'un roman explorant les rapports entre les gens ; de cette manière se définira l'écrivain. Il est tout aussi vrai que Pitsémine ne fera pas l'unité de son métissage culturel ; par contre, la possession du minibus lui permet d'avoir une maison, un lieu propre. Le grand perdant, c'est toutefois Théo, qui disparaîtra de l'univers poulinien ; mais à nouveau se profile derrière cet écroulement la découverte d'une nouvelle vérité. En effet, prenant conscience de la mort symbolique de Théo, Jack met fin à la quête non pas seulement du frère, mais aussi du Père, c'est-à-dire d'un Dieu (*Theos*, en grec) Superman.

« C'est Théo qui est la cause et la fin du récit : sans lui, rien n'aurait eu lieu. Et par lui, le roman est pourvu d'une forte, d'une saisissante conclusion, Théo n'est plus[13]. » Or , comme le note Gilles Marcotte, le projet de revoir Théo, si ferme au début du roman, est progressivement abandonné ; se sont succédé d'une part une série d'indices menant à l'état final et, d'autre part, une série de fragments, d'histoires, « dans cette succession discontinue d'images » où « s'invente le bonheur, le plus fragile qui se puisse imaginer [...], d'un récit livré aux seules grâces de l'instant[14]. »

En nous projetant vers un horizon souhaité, le héros nous renvoie à notre insuffisance, à ce que l'on n'est pas. Figure ambivalente d'un supplément et d'un manque d'être, le héros, une fois qu'il est évincé du paysage personnel, fait place à une quête désormais sourde aux chants des sirènes, à ce qui pourrait la détourner de l'espace intime. En ce sens, la décomposition de Théo produit le terreau où Jack pourra désormais se réaliser, être lui-même. Dans son analyse du mythe du paradis perdu chez Poulin, Paul Socken insiste sur le fait que la piste de l'Amérique « est mise en relief de manière incessante, jusqu'à ce qu'il devienne apparent qu'elle se perd dans le temps ; elle est le chemin vers soi[15]. » Il se produit, dans *Volkswagen blues*, une élévation du physique au métaphysique, de l'extériorité à l'intériorité, une transmutation dont le rêve de Jack est une indication claire. En effet, le chapitre qui s'intitule justement « La ligne de partage des eaux » indique le lieu crucial où l'eau coule d'un côté vers le Pacifique, de l'autre vers l'Atlantique ; moment important également où, pour la seule fois de manière explicite, Pitsémine et Jack font l'amour ou, plutôt, tentent de faire l'amour, car Jack ne peut empêcher une éjaculation précoce ; dans cette prise et dans cette crise d'identité où Pitsémine déplore n'être «même pas une vraie Indienne » (223) ; bref, dans cet espace de transition, Jack fait justement un rêve où il imagine la Grande Sauterelle en extra-terrestre. Dans ce chapitre capital « la géographie du voyage est intériorisée, l'espace physique devient métaphorique, la vérité universelle, personnelle[16]. »

La nativité personnelle se fait ainsi en liaison avec cet *autre* qui est le héros ; cependant, bien qu'il soit central, Théo n'est pas la seule figure de l'*Autre* dans *Volkswagen blues*, si bien que nombreux sont les critiques qui ont, à juste titre d'ailleurs, mis en relief les visages protéiformes de l'*autre* qui permettent au discours identitaire de se formuler.

On ne s'étonnera pas que l'*autre* apparaisse comme définissant personnel puisque, comme je l'ai noté dès le départ, *Volkswagen blues* se donne comme une œuvre ouverte. Or, le premier lieu d'ouverture à l'*autre*, dans le livre, se réalise, justement, par le livre, c'est-à-dire par le réseau intertextuel tissé dans le roman même.

Il est impossible, dans le cadre de ce chapitre, de reconstituer et, surtout, de comprendre l'apport de toutes les références artistiques disséminées en autant de pistes de lecture dans *Volkswagen blues*, roman qui « comprend plus de quarante intertextes sous la forme de chansons, tableaux, films, photos, livres historiques et, bien sûr, romans. Leurs origines sont françaises, québécoises, américaines, indiennes[17]. » Ces intertextes apparaissent généralement à des moments stratégiques ; or, pour donner une idée de leur importance et de leur rôle, je m'arrêterai ici aux intertextes romanesques.

Les intertextes romanesques « sont tous américains (au sens états-uniens), à l'exception de *L'île au trésor* du poète et romancier écossais Robert Louis Stevenson[18]. » Les romans évoqués dans *Volkswagen blues* sont les suivants, eu égard au lieu où se trouvent nos deux voyageurs :

— Québec, *L'Hôtel New Hampshire* (John Irving), ch. 4 ;

— Toronto, *On the Road* (Jack Kerouac), ch. 6 ;

— Chicago, *The Adventures of Augie March* (Saul Bellow), ch. 10 ;

— Fort Hall, *The Valley of the Moon* (Jack London), ch . 25 ;

— San Francisco, *On the Road*, ch. 29.

Chacun de ces romans partage avec *Volkswagen blues* un réseau thématique qui justifie leur présence ; ce sont des récits de voyage ou des œuvres dont le thème est le voyage, et ils traitent de la décadence de l'Amérique, plus particulièrement du recul de la quête matérielle au profit d'une quête spirituelle.

Cependant, c'est l'intertexte kérouacien qui domine, non seulement parce qu'il est évoqué à deux occasions, mais aussi parce que *Volkswagen blues* « est la réplique du plus célèbre des romans de Jack Kerouac, *On the Road* […][19]. » S'il est une œuvre qui critique le matérialisme américain, c'est bien celle de Kerouac partout présente comme une ombre dans *Volkswagen blues.* Cependant, il faut se garder des rapprochements trop rapides et peu nuancés :

> S'agit-il d'influence, de parodie ? Tout au plus un clin d'œil au lecteur car, hormis le motif du voyage transcontinental, les deux textes ne sont pas vraiment apparentés. L'errance de Sal Paradise [dans *On the Road*] est frénétique, carnavalesque, irrésistiblement entraînée par un besoin démentiel d'absolu […]. Le voyage de Jack Waterman, au contraire, aboutit à une calme prise en charge d'un moi purgé de ses angoisses, qui comprend — et accepte sans amertume et sans révolte — sa place dans l'ordre des choses[20].

Poulin s'est d'ailleurs exprimé de manière péremptoire à propos de Kérouac : «J'aime bien ce qu'il écrit, ses thèmes, ses sujets, mais sa façon d'écrire est tout à fait opposée à mes goûts : je préfère le dépouillement[21]. »

Plus que jamais, donc, cette remarque réactive le propos central de *Volkswagen blues.* Le voyage américain manifeste, par-delà sa surface, un enjeu profond, celui de la définition de soi-même. Or, il devient essentiel de suivre, sur le plan de la surface, celui du déplacement spatial, tout le réseau des indications et des signes qui orientent le mouvement.

> L'Amérique comme paradis perdu fonde l'inspiration de Poulin, mais, en dernière analyse, elle ne sert qu'à

souligner l'impuissance de ce mythe et la nécessité d'une version personnelle de celui-ci, créée par l'individu[22].

Autrement dit, le voyage de Gaspé à San Francisco se déroule à la manière d'un parcours orienté, dont il faut maintenant lire le système de signalisation vers la vie intérieure.

Le bonheur, c'est par là…

Volkswagen Blues est, jusqu'à un certain point, beaucoup moins complexe que *Les Grandes Marées.* La Grande Sauterelle et Jack s'engagent dans une quête qui les mène vers le Sud, sans la conjoncture eutopique de l'île Madame, ni, par conséquent, les opposants tels que l'Auteur et les autres personnages. La quête est assez univoque, et ce sont surtout les adjuvants qui se manifestent ici.

On assiste néanmoins à un phénomène nouveau, l'élargissement de l'espace. Finis les falaises, les bords du fleuve, les îles, au profit de l'Amérique et de l'océan. Les personnages ne sont plus, comme dans *Jimmy*, les plus grands menteurs de la ville de Québec, mais plutôt de l'Amérique du Nord (79). Il serait vain, par conséquent, de proposer une exégèse de tous les « signaux du sud » disséminés dans le roman ; tournons-nous plutôt vers l'élément qui amorce la quête et vers l'issue de celle-ci.

Volkswagen Blues, à l'instar des *Grandes Marées*, se déploie tout entier dans la perspective spatiale et ne peut être compris sans elle. La recherche de Jack s'amorce d'ailleurs, je le rappelle, à la manière dont l'avait entreprise Teddy une fois rendu dans la Maison du Sud, à la suite d'un sentiment de rupture ; la carte de Théo est « un signal de détresse » (78) que Jack a mis quinze ans à comprendre. En Théo, c'est le Sud qui crie, mais Jack, l'homme du Nord, restera insensible à ce cri lancé dans une séquence toujours très brève. Rappelons la descente de Pierre, Simon et Nathalie, ou la balade sur la mer des Sargasses de Jimmy et de

Mary, représentant à peine une page chacune ; ce type de séquence apparaît dans *Le Cœur de la baleine bleue*, à travers l'imaginaire de Noël, l'histoire racontée par Charlie ou la finale du récit ; dans *Faites de beaux rêves*, l'eutopie est prise en charge par un « beau rêve » d'Amadou. Dans *Les Grandes Marées* et *Volkswagen blues*, l'eutopie devient le principe qui régit le texte tout entier, au point d'inaugurer un second cycle dans l'œuvre de Poulin.

Volkswagen blues ne se comprend dès lors qu'en rapport avec cette spatialisation de la quête de Jack et de la Grande Sauterelle, et il porte à son plus haut degré de dramatisation la quête du Sud. Non seulement y retrouve-t-on, comme fondement spatial, la fameuse piste de l'Oregon évoquée dans *Faites de beaux rêves* et dans *Les Grandes Marées* (171), mais aussi, les indications relatives à la recherche du Sud sont innombrables. Ainsi faut-il comprendre la murale de Rivera.

Cette murale de Rivera sert de panneau indicateur : pour le bonheur, direction Sud. Elle couvre les quatre murs de la pièce, mais Jack et la Grande Sauterelle aperçoivent, « sur le mur du côté sud, une petite tache rouge vif » (93), « le symbole du bonheur » (97-98). Il en sera de même pour le nom de Théo en rouge, sur le rocher (213-214), placé du côté sud, orientation privilégiée chez Théo, avec son chapeau de Camargue (sud de la France, milieu aqueux), ce frère dont Jack souhaite qu'il soit au pôle Sud, réchauffé par les manchots (62). Tous les déplacements des deux personnages à la recherche de Théo s'inscrivent dans l'espace eutopique de la piste de l'Oregon et sont émaillés d'indices conduisant irrémédiablement vers le Sud, l'or, le bonheur.

Vers le Sud ? Vers l'or et le bonheur ? En apparence seulement, car le filon mènera à l'impasse.

Fool's Gold ?[23]

La thématique de l'or apparaît dès le premier roman québécois, *L'Influence d'un livre* (1837) de Philippe Aubert de Gaspé fils, que l'abbé Casgrain intitulera, à l'occasion de la réédition de 1864, *Le Chercheur de trésors*. Il n'est pas question dans cette œuvre de l'or américain qui, par ailleurs, avait déjà fait sa présence dans les journaux du XVIIIe siècle. Cet « or américain » a été étudié en détail par Guildo Rousseau, qui nous donne le contexte afin de bien comprendre sur quelle tradition s'appuie *Volkswagen blues*.

Il faut poser l'année 1930 comme date charnière pour ce contexte général, et cela pour deux raisons. La première, c'est que l'étude de Rousseau traite de la quête de l'or dans la littérature québécoise, de 1775 à 1930 ; la seconde, c'est que, justement, cette étude montre que la relation à l'or change radicalement à cette époque. Voyons cela de plus près.

Dans *L'Image des États-Unis dans la littérature québécoise (1775-1930)*[24], Guildo Rousseau consacre un chapitre tout entier à « L'or maudit de la Californie[25]. » Il s'agit d'une étude détaillée de plusieurs dizaines de romans, contes, nouvelles, qui scandent tous la même réprobation : « La façon dont les conteurs et les romanciers motivent le départ de leur héros reflète cependant une volonté de discréditer tout départ vers la Californie » (129). Ou encore : « leur aventure dans l'ensemble est un échec » (132). Allons-y d'une dernière condamnation : « San Francisco n'est ni plus ni moins que l'antichambre de l'Enfer [...] » (147).

Une première leçon s'impose d'une telle conclusion. L'or semble avoir toujours eu une symbolique ambiguë. D'une part, d'un point de vue philosophique, l'or représente l'accès à la purification de l'esprit, à la connaissance, aux forces supérieures de la divinité ; tous les dictionnaires des symboles attestent cet archétype positif. D'autre part, d'un point de vue moral, l'or a une valeur négative liée à l'ambition. Avant 1930, selon Guildo Rousseau, on ne trouve aucun récit où prime le point de vue philosophique lié à l'or. C'est là une dure leçon : la primauté du point de vue moral peut être due au discours tenu par le clergé, aux XIXe et XXe siècles, sur le rapport aux biens matériels. C'est bien connu, le

Canadien français, à vocation messianique, doit éviter d'être contaminé par les biens terrestres et, en particulier, par le mercantilisme anglo-saxon.

Bien sûr, cette vision des choses masquait l'infériorité économique des Canadiens français. La première leçon, c'est-à-dire la prédominance du point de vue moral sur le point de vue philosophique en ce qui concerne l'or, Émile Nelligan l'avait déjà exprimé dans *Le Vaisseau d'or* qui « taillé dans l'or massif », ne pouvait que sombrer « dans l'abîme du Rêve ». L'or a une fonction sémiotique à connotation négative, dysphorique, diraient les sémioticiens, et est une source évidente de cacotopie sur le plan de l'espace.

La seconde leçon est d'autant plus importante qu'elle se révélera fausse. En effet, selon Guildo Rousseau, la relation à l'or change entre les années 20 et 30, devenant plus positive. Le tournant pourrait être marqué par la nouvelle de Nazaire Le Vasseur, « Rivaux », dans *Têtes et figures* (1920), si bien que, en ce qui a trait à cette thématique comme dans sa relation générale à l'américanité, la littérature québécoise serait à la veille d'une mutation . L'année 1930

> annonce l'aube d'une nouvelle prise de conscience de la réalité américaine, au mieux marque la fin ou le recul à l'arrière-plan d'une certaine image stéréotypée des États-Unis : celle d'une société matérialiste, vouée exclusivement à la passion du lucre, et devenue pour des milliers de Canadiens français depuis plus de trois quarts de siècle la terre de l'exil, de la disgrâce et du châtiment [...] (19).

Un nouveau rapport à l'américanité et, de manière générale, à l'or ? Rien n'est moins sûr. *Nord-Sud*, de Léo-Paul Desrosiers, paru en 1931, donne encore dans le négatif. Que dire de Séraphin Poudrier, le personnage avaricieux de Claude-Henri Grignon, qui, dans *Un homme et son péché* (1933), se précipite dans sa maison en feu pour sauver son trésor ? Il est retrouvé calciné, une pièce d'or dans la main droite. Faisons un saut de quelque trente années ; créée en 1965, la pièce de Jacques Languirand, *Klondyke* [*sic*], répète que « l'argent, ou plutôt l'or, ne fait pas le bonheur, tout étant pourri au Klondike par le culte du veau d'or[26]. »

Cependant, passons par-dessus l'époque de la Révolution tranquille et voyons comment *Volkswagen blues* s'inscrit dans la thématique de l'or.

Mais d'abord, il faut faire un bref retour en arrière et parler un peu de *Faites de beaux rêves.* Les personnages s'y racontaient histoires et légendes, comme Limoilou et « La légende de l'Amérique » (111). Le micro-récit qui retient ici l'attention est celui du rêve raconté par Amadou. Son frère Théo, armé de la Winchester de Sitting Bull, conduit un chariot, à la tête d'une caravane d'émigrants. Théo dit qu'il est possible de prendre la route de l'Oregon ou de Santa Fe et ajoute que « si on allait plus au Sud, plus loin que le Grand Canyon du Colorado, on pouvait trouver l'Or de la Californie et la Terre Promise » (115).

Et c'est tout ! Quand Amadou raconte son rêve à Théo, il dit simplement qu'il se sentait en paix, sans autre commentaire.

En vérité, ce serait tout pour nous aussi s'il n'y avait *Volkswagen blues* dont l'intrigue tourne autour d'une quête similaire. J'ai dit que le signal du départ était donné par une carte postale de Théo trouvée dans un livre qui, d'entrée de jeu, affiche la bonne couleur : *The Golden Dream*, de Walker Chapman. La quête de Théo et celle de l'or se croisent donc au tout début du récit. Jack amorce cette quête, et, en cours de route, décide de raconter une histoire à sa passagère, la Grande Sauterelle : il s'agit, faut-il s'en étonner, de la légende de l'Eldorado, selon laquelle il existerait « quelque part en Amérique une contrée mystérieuse et riche qui [serait] le royaume de l'or, l'*Eldorado* » (29). Un peu plus loin dans le roman, c'est à Toronto que la piste de l'or réapparaît, puisque nous sommes mis en présence d'un édifice doré, celui de la Royal Bank. Jack et la Grande Sauterelle décident d'aller le contempler :

> « La lumière paraissait venir de l'intérieur, elle était vive et chaleureuse comme du miel et ils ne pouvaient s'empêcher de penser à l'Or des Incas et à la légende de l'*Eldorado*. C'était comme si tous les rêves étaient encore possibles. Et pour Jack, dans le plus grand secret de son cœur, c'était comme si tous les héros du passé étaient encore des héros » (79).

Les deux personnages continueront à chercher Théo comme s'ils poursuivaient un grand rêve, et l'or surgira à l'occasion au cours de leur voyageur (p. 101, 122, 132, 208, 213, 238). Mais c'est évidemment le terme de leur voyage, San Francisco et surtout le Golden Gate, qui les attire : « Quand j'étais petit, dit Jack, je pensais qu'il était en or. J'étais sûr qu'il avait été construit avec l'or qu'on avait découvert en Californie » (255). Donc, comme le dit tout de suite après le narrateur, « Le voyage touchait à sa fin ».

Mais quelle est-elle, cette fin ? Car il faut se rappeler que la quête de Jack, c'était celle de son frère, regardé au début comme un héros. Au fur et à mesure que Jack se rapprochera de San Francisco, l'image de Théo s'étiolera, si bien qu'à la fin, c'est un frère déchu que Jack retrouvera, un frère souffrant de paralysie. La quête de l'or, comme celle du frère, débouche sur un échec en ce sens que, les deux pistes ayant été superposées tout au long du roman, leur terme renvoie aussi à la futilité de cette quête.

C'est justement cette idée centrale que je veux mettre en évidence : il semble que le symbolisme de l'or n'ait point changé dans le roman québécois, du moins si on se fie à l'œuvre de Poulin. Guildo Rousseau avait noté que, avant 1930, San Francisco « est peuplée d'un nombre incroyable de 'sans patrie' » (138). Plus ça change, plus c'est pareil : ce que Jack découvre, c'est un « unidentified man » (267) souffrant de « creeping paralysis » (286).

« L'or maudit de la Californie », comme le disait Guildo Rousseau, continue de hanter la psyché québécoise, semble-t-il, même un siècle et demi plus tard. Il est associé à l'échec, à la maladie, à la punition comme, d'ailleurs, l'est souvent le voyage d'un Québécois aux États-Unis[27]. Faut-il encore une fois donner raison à *Maria Chapdelaine* de Louis Hémon : « Au pays de Québec, rien ne doit mourir et rien ne doit changer » ?

Être le héros de sa propre vie

Volkswagen blues s'ouvre sous le signe de la cacotopie. En effet, le déplacement, semblable cette fois encore à la descente de Pierre ou de Noël, s'effectue au détriment de l'un des deux pôles ; la quête indique de ce fait l'absence d'harmonie. En plus de tous les signaux du Sud, le roman contient presque autant de signes prémonitoires de l'échec de la quête : le statut ambigu d'Étienne Brûlé, héros ou vaurien, et idole de Théo (63, 71, 77), la parole énigmatique de Saul Bellow (110) et l'infiltration progressive de la violence à travers l'image de Théo (129, 139, 170, 191, 267, entre autres). Arrivé au bas, à San Francisco, Jack ne sera pas vraiment surpris de trouver un Théo paralysé et sans mémoire : le Sud a perdu sa chaleur, comme Théo qui est venu « échouer sur les bords du Pacifique » (279). Les questions de Jack sur « les rapports entre les gens » (289) prennent ici l'allure d'une interrogation sur les rapports entre les pôles de la spatialisation. Comment écouter en soi — si Théo est un aspect de Jack — l'appel du Sud, comment ne pas le trahir ou être trahi par lui ? Ici apparaît une ambiguïté, celle de Théo qui revêt l'apparence de Judas (267), et dont il est impossible de dire si cette mutation est attribuable au Sud lui-même qui a toujours trompé, ou au Nord qui trop longtemps s'en est tenu à l'écart. Quoi qu'il en soit, l'espace reste inachevé, discontinu.

Faut-il clore sur cette note un peu déprimante ? Non, car cet échec apparent représente un rite de passage, voire une purification. Jack Waterman vient peut-être d'accomplir le plus grand des exploits, être un héros pour lui-même : « La plus grande chose du monde, c'est de savoir être à soi », écrit Montaigne. Or, pour « être à soi », le héros poulinien a dû s'affranchir ici de cet *autre* si ambigu, figure de violence, de décadence. L'autre hors de soi, tant dans *Les Grandes Marées* que dans l'œuvre dont on clôt ici l'analyse, étant désormais surmonté, les entraves tombent pour permettre au personnage de faire le pas décisif dans sa marche vers l'amour. Il jouit désormais de toutes ses facultés, lesquelles lui permettront, dans *Le Vieux Chagrin*, de *voir* la femme.

Notes

1. Gilles Dorion et Cécile Dubé, « Entrevue. Jacques Poulin », *Québec français* (mai 1979), p. 35. Il a de fait « pris cinq ans pour façonner ce dernier roman auquel il a retranché 200 pages au moment des corrections » (Hélène de Billy, « Une Amérique panoramique sur la pointe des pieds », *Le Devoir*, 19 mai 1984, p. 33).

2. E. M. Forster, *Aspects du roman*, p. 42.

3. Gilles Marcotte, « L'ambitieuse Volkswagen », *L'Actualité*, 9, 8 (août 1984), p. 79.

4. François Hébert, « Deux maîtres livres, issus de l'humour du cœur », *Le Devoir* (12 mai 1984), p. 25.

5. Danièle Rudel-Tessier, « *Volkswagen blues* », *Châtelaine*, 25, 9 (septembre 1984), p. 42.

6. Gilbert Bernard, *Inter*, 25 (automne 1984), p. 52.

7. François Hébert, « Deux maîtres livres, issus de l'humour du cœur », *Le Devoir* (12 mai 1984), p. 25.

8. Régis Tremblay, « Déshabiller la phrase de ses adjectifs... », *Le Soleil* (7 juillet 1984), p. D-2.

9. Gilles Marcotte, « L'ambitieuse Volkswagen », *Actualité*, 9, 8 (août 1984), p. 79.

10. Louise Milot, « Quand les 'beaux rêves' tournent au blues », *Lettres québécoises*, 35 (automne 1984), p. 15.

11. Ginette Michaud, « Récits postmodernes ? », *Études françaises*, 21, 3 (hiver 1985-1986), p. 81.

12. Jean-Marc Lemelin, « Quatre pistes de lecture de *Volkswagen blues* », *Moebius*, 57 (automne 1993), p. 106.

13. Gilles Marcotte, « Histoire de zouaves », *Études françaises*, 21, 3 (hiver 1985-1986), p. 15.

14. Gilles Marcotte « Histoire de zouaves », *Études françaises*, 21, 3 (hiver 1984-1985), p. 16.

15. Paul Socken, *The Myth of the Lost Paradise* [...], p. 69. Je traduis.

16. Paul Socken, *The Myth of the Lost Paradise* [...], p. 70. Je traduis.

17. Anne Marie Miraglia, *L'Écriture de l'Autre chez Jacques Poulin*, p. 121. Anne Marie Miraglia consacre un long chapitre de son ouvrage à l'analyse de ces intertextes.

18. Anne Marie Miraglia, *L'Écriture de l'Autre chez Jacques Poulin*, p. 128. Les lignes qui suivent présentent une brève synthèse de cette étude, la plus complète qui soit sur les intertextes romanesques.

19. Anne Marie Miraglia, *L'Écriture de l'Autre chez Jacques Poulin*, p. 149. Après son chapitre sur les intertextes romanesques, l'auteure consacre un chapitre entier à la « Quête d'identité et intertexte kerouacien ».

20. Jean-Pierre Lapointe, « Sur la piste américaine : le statut des référence littéraires dans l'œuvre de Jacques Poulin », *Voix et images*, 43 (automne 1989), p. 23.

21. Gilles Dorion et Cécile Dubé, « Entrevue. Jacques Poulin », *Québec français*, 34 (mai 1979), p. 35.

22. Paul Socken, *The Myth of the Lost Paradise* [...], p. 114. Je traduis.

23. Cette expression anglaise désigne la pyrite de cuivre, dont l'apparence a trompé plusieurs prospecteurs.

24. Sherbrooke, Éditions Naaman, 1981.

25. P. 125-149.

26. *Dictionnaire des œuvres littéraires du Québec*, IV (1960-1969), p. 500.

27. Je pense par exemple à *Une histoire américaine*, de Jacques Godbout, ou à *L'Été Rebecca*, de René Lapierre.

CHAPITRE 4

LA VISION

Le Vieux Chagrin : l'amour ne rend pas aveugle

> Les poètes n'ont donc pas eu raison de nous dépeindre l'amour comme un aveugle ; il faut lui ôter son bandeau, et lui rendre désormais la jouissance de ses yeux.
>
> Pascal, *Discours sur les passions de l'amour.*

Avec *Le Vieux Chagrin*[1] s'ouvre le dernier volet de cette étude, lequel inclura *La Tournée d'automne* dans ce nouveau continent que dessine maintenant l'œuvre de Jacques Poulin : l'amour d'une femme. Quel thème simple, voire banal, que l'amour d'une femme ! Pourtant, les romans précédents ont pour cela ouvert des voies propres à Poulin et, dans *Le Vieux Chagrin*, l'amour d'une femme empruntera également des sentiers particuliers.

Cet amour est appelé, souhaité depuis le « J'ai besoin de Nathalie », cri du cœur lancé dans *Mon cheval pour un royaume* (71), depuis, surtout, cette phrase de Nathalie elle-même « Je suis celle qu'on retrouve » (62). Le chemin vers la femme a cependant été long et, surtout, sinueux, plusieurs obstacles ayant entravé la marche : le difficile passage de l'enfance à l'adulte, l'acceptation de la part féminine dans l'homme, le rôle ambigu de l'agressivité, la douleur d'une rupture amoureuse et, bien sûr, le rôle des mots, de l'écriture dans la recherche amoureuse.

Les six romans antérieurs ont préparé *Le Vieux Chagrin*. Je dis *préparé* à dessein, car ce roman franchit plus qu'un nouveau degré dans ce parcours ; en effet, maintenant s'inscrit, s'*écrit* serait-il plus juste de dire, la possibilité amoureuse. Autrement dit, pour comprendre ce septième roman, il est nécessaire de cerner comment, désormais, la femme peut être aimée. Certes, il ne s'agira pas en l'occurrence de recettes sur l'art d'aimer, mais plutôt d'une réflexion sur les rapports entre la femme et l'écriture et, plus particulièrement, sur les conditions essentielles pour que s'écrive — enfin ! — une histoire d'amour. Il est par ailleurs intéressant de noter que, l'année même de la parution de *Volkswagen blues*, Jacques Poulin savait où le conduirait, même cinq ans plus tard, son prochain roman : « Jacques Poulin se demande bien comment il va aborder son prochain. Une histoire d'amour ? Pourquoi pas. Ça lui semblerait logique[2]. »

J'examinerai ces questions en deux temps. En premier lieu, j'évoquerai la montée du désir amoureux et sa contrepartie, le souvenir de l'échec de l'amour ; puis, caractéristique par ailleurs des plus intéressantes dans ce roman, s'établira le lien entre cette double nécessité dont chacun des termes est inséparable : aimer et écrire. Comme on le verra, tout l'intérêt du *Vieux Chagrin* naît de cette montée d'une vision de la femme et de l'incidence de cette vision sur l'histoire d'amour que s'efforce d'écrire Jim, le narrateur. En cela, *Le Vieux Chagrin* fait la liaison vers *La Tournée d'automne*.

« [...] **une œuvre rare qui nous enrichit** »

Le Vieux Chagrin a séduit la critique grâce à ses qualités de simplicité et d'authenticité ; l'intrigue reflète parfaitement ce dénuement.

Le personnage principal se nomme Jim[3], il habite durant l'été une vieille maison en bois au milieu d'une baie et, écrivain, il prépare un roman. Cependant, un événement imprévu le dérange : des traces de pas sur le sable mènent à une caverne où se trouvent, parmi quelques objets, les *Contes des mille et une nuits*. À sa deuxième visite dans l'antre rocheux, Jim ouvre le livre et lit un nom, Marie K. Celle qu'il appellera désormais Marika fait maintenant partie de sa vie.

En effet, pendant tout le reste du *Vieux Chagrin*, Jim poursuivra une double quête, écrire son roman et voir Marika. Ces deux désirs sont cependant inextricablement liés en ce que, d'une part, Jim prendra conscience que son roman est une histoire d'amour et que, d'autre part, sa recherche de Marika exprime la montée d'un désir amoureux dont l'accomplissement déterminera par ailleurs la réussite même de son entreprise d'écrivain.

Marika n'est toutefois pas seule, puisque deux autres femmes joueront entre-temps un rôle important dans la vie de Jim. Il s'agit d'abord de Bungalow qui, à son vingtième anniversaire de mariage, a quitté mari et enfants mais, surtout, une vie rangée et prévisible pour s'installer avec un groupe de filles. Après la « mère-poule » que représente Bungalow, la seconde fille qui marque Jim est la Petite, jeune — seize ou dix-sept ans — mais perspicace et curieuse. Jim s'occupera beaucoup de cet être souffrant dont l'enfance a été salie par le père et, à la fin du roman, il l'adoptera.

Et la présence (ou l'absence) de Marika dans cette intrigue ? En fait, entre les rencontres avec Bungalow et la Petite, Jim tentera par tous les moyens de voir cette aimée imaginaire. Sa réussite ne sera que partielle, car, après plusieurs essais, Jim verra en rêve Marika : « D'avoir rêvé, en effet, je n'étais plus le même. L'image de Marika était en moi, installée en permanence [...] » (133). Le fait d'avoir vu la femme, ne fût-ce qu'en rêve, permet désormais à Jim d'écrire son roman, son histoire d'amour.

L'intérêt du *Vieux Chagrin* réside dans la nature étrange, mystérieuse, de cette relation amoureuse entre Jim et Marika, ainsi que dans la signification de cet accomplissement et de sa résonance sur le roman que souhaite écrire le narrateur. C'est pourquoi ce chapitre sur *Le Vieux Chagrin* cherchera d'abord et avant tout à définir la dynamique qui relie la montée du désir amoureux et l'art poétique de Jim, en éclairant la fusion entre les accomplissements de l'amour et ceux de l'écriture.

Avant d'aborder ces questions, il faut mentionner que *Le Vieux Chagrin* est, du moins aux yeux des critiques, le meilleur roman de Poulin, voire un chef-d'œuvre. En fait, une gerbe d'éloges dithyrambiques est offerte à l'auteur : « *Le Vieux Chagrin* [...] est une œuvre rare qui nous enrichit. Un livre qu'il faut lire dès aujourd'hui, mais qu'on voudra relire encore dans dix, dans vingt ans[4]. » Jean Royer ne se prive pas lui non plus : « Dans *Le Vieux Chagrin*, l'émotion est à son comble. Histoire d'amour en même temps que histoire d'écrire, ce chef-d'œuvre de Jacques Poulin illustre, finalement, l'histoire de la tendresse, qui s'invente entre le romancier et son lecteur[5]. » Tout indique que la simplicité non seulement dans les mots, mais surtout dans cette manière d'inclure l'œuvre en cours dans l'œuvre achevée atteint ici un *naturel* rare. Noël, dans *Le Cœur de la baleine bleue*, visait lui aussi à écrire un roman dans le roman, mais dans *Le Vieux Chagrin*, et c'est ce que j'entends montrer plus loin, une nécessité s'établit entre le roman et le projet de Jim. Réginald Martel, qui n'est certes pas un adepte de la forme pour la forme, écrit à ce sujet : « Pour la première fois, il me semble, pouvons-nous lire, aussi parfaitement intégrés, un roman et le roman de ce roman[6]. » De la manière plutôt affectée de *Mon cheval pour un royaume*, Jacques Poulin est désormais passé à un art qui allie sobriété et aisance :

> Dans mes mains, il y a le plus beau roman de Jacques Poulin, le plus nu et le plus sûr. Le plus fort aussi. Le plus mystificateur et le plus explicite. Un roman dont la beauté tient à sa qualité littéraire, d'autant plus éblouissante qu'il me semble écrit avec un vocabulaire de *Basic-French*[7].

Hélas, tel n'est pas l'avis de l'auteur qui, ici, se montre exagérément sévère. Que reproche-t-il au *Vieux Chagrin* ?

~ Il y a le fait d'avoir choisi un narrateur écrivain et d'avoir parlé du roman qu'il essayait d'écrire : un roman dans un roman, c'est jamais une bonne idée. [...] Autre défaut : il n'y a pas assez d'action. Pour qu'un roman soit bon, il faut de l'action, c'est-à-dire des événements, une intrigue assez bien menée pour qu'on ait envie de lire dans le seul but de savoir comment l'histoire va se terminer. En plus de l'action, il faut trois autres qualités : des personnages bien dessinés, un style et une portée universelle[8]. ~

L'éternelle insatisfaction de Jacques Poulin porte ombrage à la vérité ; *Le Vieux Chagrin*, que l'auteur l'accepte ou non, semble réussi !

La montée du désir

Étrange amour que celui qui croît dans *Le Vieux Chagrin* ! Dès le premier chapitre, « Les traces de pas », Jim aperçoit des traces dans le sable : « Par curiosité, je mis mon pied dans les empreintes. Je constatai avec surprise qu'elles étaient exactement à ma taille. Pourtant, ce n'était pas les miennes [...] » (9). Tout de suite, Jim est comme fasciné, ces signes évoquant une sorte de possibilité amoureuse fondée, entre autres, sur ce sentiment d'identité ; d'ailleurs, la fin du roman corroborera cette recherche de la femme « projection d'un désir, une partie de moi-même, ma moitié féminine, ma douce moitié » (153), suivant les termes mêmes de Jim.

Mais nous n'en sommes pas encore là, le narrateur venant tout juste d'apercevoir les traces de Marika. Incapable de travailler — « je pensais à Marika » (15) —, Jim tente d'entrer en contact avec elle par un mot de bienvenue (chapitre 3), en surveillant si son voilier est toujours ancré dans la baie (chapitre 5), en se demandant comment Hemingway « aurait fait si c'était lui qui avait vu les traces de pas dans le sable » (chapitre 7), etc. Mais ce qu'il faut remarquer, c'est que le désir amoureux de Jim augmentera d'autant plus que, voulant écrire une histoire d'amour, il décide d'observer « de plus près à cette personne qui s'appelait Marika » (25). Cette solution s'offre à lui comme une nécessité pour écrire son roman, une histoire d'amour qui exige d'être soi-même amoureux : « l'écrivain devait toujours s'en tenir aux sujets qu'il connaissait le mieux. Je dus reconnaître que j'avais enfreint cette règle. J'essayais d'écrire une histoire d'amour sans être moi-même amoureux » (24).

Désormais se trouvent liés, dans *Le Vieux Chagrin*, l'histoire principale, c'est-à-dire la quête amoureuse de Jim pour Marika, et une trame apparemment secondaire mais de grande importance, le désir d'écrire une histoire d'amour.

Les rencontres entre Jim, Bungalow et la Petite apportent au narrateur d'autres satisfactions affectives, mais ne le distraient pas de son travail ; ainsi, parlant à son frère de Marika, Jim adopte « un ton timide et emprunté. Exactement comme si j'étais amoureux d'elle » (68). Cultivée par Jim, cette progression continuera, particulièrement au moment d' « Un rêve d'amour » (chapitre 28), qui lui permet de *voir* Marika : « Je fais semblant de dormir, mais à travers mes paupières mi-closes je la vois [...] » (129). Ce rêve conduit Jim à une prise de conscience simple et essentielle : « J'étais amoureux » (133).

L'écrivain vient ainsi d'arriver sur de nouvelles terres, plus luxuriantes que le désert affectif qui était naguère sa patrie, porté par « le désir qui montait en [lui] comme une vague de fond [et] emportait tout sur son passage » (146).

Mais *Le Vieux Chagrin* tire à sa fin, et Jim, par suite du départ de Marika, connaît une « peine d'amour » qui n'aura pas été vaine. Elle lui permet, cette peine, de comprendre, d'accepter que Marika était sa « douce moitié » mais, surtout, d'avoir connu l'état amoureux sans lequel il lui aurait été impossible d'écrire une histoire d'amour.

Alors qu'il sent croître en lui l'amour, Jim n'est pas sans se souvenir d'une rupture qui l'a jadis profondément marqué. Souvent, lorsqu'il pense à Marika, Jim est partagé entre des sentiments de plaisir et de crainte :

> [...] j'avais hâte de voir Marika, mais en même temps cette perspective me remplissait de crainte. Honteux et mécontent d'être de nouveau partagé en deux, divisé contre moi-même, je résolus d'ignorer complètement les sentiments qui m'agitaient. J'essayai de penser à autre chose. (49)

Quelle image vient alors hanter Jim ? Celle du départ de sa femme « avec un homme qui ressemblait à Superman » (49). Il faut se rappeler, bien sûr, *Le Cœur de la baleine bleue*... Plus tard, Jim racontera à la Petite tout le chagrin causé par ce départ et, particulièrement, cette prise de conscience qu'il n'avait jamais été amoureux : « J'avais seulement cherché de l'affection » (98). Ici encore, Marika entraîne Jim dans un paradis amoureux qu'il n'a jamais connu jusque-là.

Ainsi, Jim se trouve à une sorte de croisée des chemins. Ou bien il demeure paralysé par cette vieille rupture affective qui contamine par la crainte son amour pour Marika, ou bien il se donne tout entier à l'exigence amoureuse, en dépit des périls qui peuvent faire écran à ce nouveau sentiment. Nul mieux que le chat « principal » du roman, dont le nom est justement le vieux Chagrin, représente toute l'ambiguïté de ce mot, celui d'une tristesse passée, et qui ne l'empêche point de poursuivre la chatte Vitamine, appellation tout aussi significative. Au moment où il se dirige, hésitant, vers la caverne de Marika, Jim est témoin de cette scène :

> Le bruit tout proche d'un animal détalant sur le gravier me fit tressaillir : c'était le vieux Chagrin qui poursuivait Vitamine avec beaucoup d'entrain. Le clin d'œil du destin (c'est ainsi du moins que je l'interprétai) m'encouragea même s'il venait un peu tardivement (30).

Ces quelques considérations sur le désir amoureux de Jim pour Marika, en partie entravé par un vieux chagrin d'amour, ont suivi d'assez près le propos manifeste du roman. En d'autres termes, je me suis attardé ici à une sorte de dit explicite, de lecture première essentielle comme fondement, dans ce qui va suivre, à la dynamique textuelle qui soude cette progression thématique à la structure même du récit. Car on a beau dire, littéralement, que Jim poursuit « la femme de ses rêves », il importe de ne pas oublier que l'œuvre littéraire est aussi manière de dire, langage, dans ce cas-ci, du rapport entre l'amour et la création littéraire. En effet, ce qui a particulièrement retenu l'attention de la critique dans le *Vieux Chagrin*, c'est précisément cet alliage réussi entre le récit amoureux de Jim et Marika, et le désir du personnage écrivain d'écrire une histoire d'amour. Y a-t-il à cette fin un foyer organisateur dans le récit amoureux ? La montée de ce désir se fait-elle selon des étapes repérables ? Et si tel est le cas, ces étapes ont-elles une incidence particulière sur le roman que veut écrire Jim ? C'est ce que je désire examiner maintenant, partie essentielle où la texture, la structure du roman en devient le langage principal.

Le jeu des mots et de l'amour

Dès le deuxième paragraphe, tout au début du *Vieux Chagrin*, cette phrase anodine deviendra la clef du récit : « Je me reposais un moment, assis sur une roche en face du fleuve, quand tout à coup je vis des traces de pas dans le sable » (9). Cette clef, qui permet de pénétrer le sens de l'œuvre, n'est pas l'existence de Marika, mais plutôt ce simple verbe : *je vis*. Tout l'effort de Jim consistera de fait à *voir* cette Marika : « J'avais très envie de voir Marika » (29) ; « je vis une silhouette féminine à travers le brouillard » (106) ; « j'avais hâte de la voir » (146). Le foyer organisateur du roman repose sur cette volonté obsédante de voir Marika et de se voir amoureux.

Cependant, il serait trop simple de réduire cette vision à une rencontre réelle entre Jim et Marika ; car, pour Jim, *voir* Marika, c'est acquérir une capacité, une sorte d'aptitude à accepter la part féminine dans l'homme, ce que Noël, dans *Le Cœur de la baleine bleue*, n'était pas vraiment parvenu à faire. C'est ce dont Jim prendra conscience à la fin du roman : « Marika n'existait pas vraiment, elle n'était que la projection d'un désir, une partie de moi-même, ma moitié féminine, ma douce moitié » (153).

C'est dire l'importance de cet accomplissement de la vision, puisque *voir* Marika signifie pour Jim se déssiller les yeux, accepter ce désir qui rendra ensuite possible l'amour. Mais il faut se rappeler, aussi, que Jim veut écrire une histoire d'amour. Y a-t-il un lien entre la vision de Marika et son entreprise d'écriture ? Ce va-et-vient entre la vision et la création connaît-il des seuils, franchit-il des étapes ? La réponse à ces questions et leur analyse touchent l'essentiel du *Vieux Chagrin* : une nouvelle conquête du discours amoureux chez Jacques Poulin, et l'inséparable dynamique entre cette réalisation et la structure même de l'œuvre.

Or, dans *Le Vieux Chagrin*, il apparaît que la réalisation amoureuse (Marika) et littéraire (écrire une histoire d'amour) franchissent quatre phases :

1) *le désir :* Jim cherche à voir Marika, sans succès, si bien que vision et écriture sont en panne. C'est la Petite qui le sortira de cette impasse ;

2) *l'amour rêvé :* Jim prend de plus en plus conscience de l'importance de voir Marika pour écrire son roman. C'est Bungalow qui, cette fois, l'aidera à surmonter ses difficultés d'écriture ;

3) *la vision amoureuse :* de nouveau incapable d'écrire, Jim est redevable à lui-même cette fois d'un troisième accomplissement. C'est lui, en effet, qui voit en rêve Marika ; son histoire est relancée ;

4) *le récit amoureux :* c'est précisément au moment où il prend conscience du rôle joué par Marika que celle-ci peut désormais disparaître. Jim peut maintenant écrire son roman d'amour.

Voyons maintenant plus en détail chacune de ces quatre phases où se conjuguent voir, aimer, écrire.

Le désir

Dès qu'il voit les traces de pas sur le sable, Jim se sent bloqué dans l'écriture de son roman : « Je ne pus écrire comme je le voulais ni cette journée-là, ni le lendemain » (13). Il décide, deux jours après, de retourner à la caverne pour faire ensuite cette observation capitale où transparaissent pour la première fois la vision, l'écriture et la femme : « [...] je n'arrivais pas à bien voir mon personnage féminin, et l'histoire venait difficilement » (15).

Un réseau déjà inextricable se tisse en Jim : « Était-ce une si bonne idée de vouloir écrire une histoire d'amour » (24) sans être soi-même d'abord amoureux ? L'impasse ne connaît qu'une seule issue, s'intéresser « de plus près à cette personne qui s'appelait Marika » (25).

Jim multiplie les efforts pour faire connaissance avec Marika. Il lui écrit : « Depuis qu'il a vu la trace de vos pas dans le sable, il pense beaucoup à vous et n'arrive plus à écrire » (29). Il l'invite en vain à lui rendre visite, « espérant voir [...] celle qui faisait naître en moi un trouble si étrange, celle sur qui je comptais pour relancer ma propre histoire » (38).

Cependant, la Petite, qui partage beaucoup de temps avec Jim, est celle qui relance l'écrivain : « Les visites de la Petite allaient changer plusieurs choses dans ma vie. Le premier de ces changements fut un événement heureux : l'histoire d'amour que j'écrivais au grenier, et qui était en panne, redémarra » (43). En effet, la scène où Jim avait interrompu sa rédaction se remet à vivre, et la femme qui y est incluse a « le visage de la Petite » (43).

L'amour rêvé

Dans la première séquence, le désir amoureux s'est accompli par la présence de la Petite, brève satisfaction, cependant, car tout de suite après il se remet à penser àMarika. Jim cherchera donc, plus que jamais, à la voir et, de fait, les traces de pas feront place à une vision évanescente, certes, mais tout de même plus prenante. Contemplant le fleuve qui le distrait souvent de son travail, Jim songe malgré lui à Marika.

> Malgré mes précautions, il m'arrivait encore de le regarder distraitement au lieu d'écrire, et c'est ainsi qu'un jour, vers la mi-juin, j'aperçus une silhouette féminine au bord de l'eau. Elle se déplaçait vers la gauche. Je crus d'abord qu'il s'agissait de la Petite, car elle aimait bien flâner de ce côté-là, puis en regardant mieux je vis que la silhouette était nettement plus élancée. Ce devait être Marika. (47)

Pris par cette obsession récurrente, Jim a tout juste « le temps de voir qu'elle était pieds nus » (48), que la silhouette était « hors de [sa] vue » (48). Les efforts accrus ne donneront rien — « je ne vis personne » (49) — et conduisent à l'inévitable : « Il fallait attendre encore » (50).

Et voilà que, par incidence, le roman de Jim est de nouveau au point mort, les personnages évoluant « dans un sens qui ne [lui] plaisait pas du tout » (61). Ses efforts pour revoir Marika ayant échoué, Jim s'avoue temporairement vaincu : « Mon histoire d'amour était en panne et je n'arrivais même pas à voir Marika. Mes échecs s'accumulaient » (67). N'arrivant plus à écrire (73), il rencontre Bungalow et, entre lui et elle, une chaleureuse communication s'établit : « en lui expliquant ce qui n'allait pas, j'eus tout à coup une idée qui allait peut-être remettre mon histoire en marche » (77). Comme pour la Petite, Jim inclut Bungalow dans son histoire : « Je pouvais me remettre à écrire ! » (80).

La vision amoureuse

Jim aura oublié Marika... durant toute une matinée ! (81) Cependant, celle-ci continuera de le hanter, si bien que l'écrivain tentera de nouveau d'entrer en contact avec elle par le moyen d'une boîte aux lettres (83), en regardant sans cesse par la lucarne pour apercevoir le voilier (95), etc. Ainsi, durant un soir brumeux du mois d'août, s'approchant de la caverne, Jim entend des bruits de pas qui, attirant son attention, lui permettent de voir un peu plus Marika :

> je vis une silhouette féminine à travers le brouillard. Elle disparut aussitôt, mais ce n'était pas une hallucination : l'espace d'un instant, j'avais bien vu une forme élancée, vêtue d'une longue chemise de nuit blanche. Il me semblait même avoir aperçu un visage mince et osseux [...] (106).

Vis, vu, aperçu, certes, marquent dans cet extrait une accentuation du lien avec la femme, mais l'écrivain, lui, doit avouer qu'il ne travaille pas bien (113). Voir Marika, l'accepter, l'aimer doivent se conjuguer pour rendre possible le roman amoureux ; mais pour cela, Jim doit, contrairement à ce qu'il éprouvait chaque fois qu'il s'approchait en rêve de la femme aimée, ne plus éprouver de crainte. C'est précisément ce qui se passe dans le chapitre capital intitulé « La lumière d'automne ».

« La lumière avait changé » (121) ; elle permet ainsi une *vision* plus nette. D'ailleurs, tout ce chapitre reprend le leitmotiv de la vision : « on voyait loin », « mieux voir », « ramenant mon regard » (121), « aller voir Marika », « je vis que le voilier » (122), « je regardai », « étonné de voir », « en regardant partout » (123), « je regardai pour voir s'il y avait des signes d'une présence féminine, mais je ne vis rien de spécial », « résolu à ne pas m'en aller avant d'avoir vu Marika » (125) et, pour terminer, « je ne vis aucun signe de sa présence » (126).

Cependant, en nous ayant rebattu les oreilles ainsi, Jim nous aura fait comprendre qu'il est désormais prêt à voir Marika, libéré de la crainte qu'il éprouvait jusque-là : « Je me sentais calme, l'esprit léger, et mon âme m'enveloppait très bien » (122). L'écrivain-narrateur est maintenant prêt à accueillir la femme rêvée.

Le chapitre suivant, « Un rêve d'amour », marque justement l'accomplissement, dans toute l'œuvre de Poulin, de cette transparence amoureuse qui permet à l'homme de voir, d'accepter, d'épouser comme on épouse les contours d'une forme, la femme en lui-même. Dans ce « rêve magnifique » (127), Jim peut enfin voir Marika : « Quelqu'un est entré dans la maison et, bien que je sois toujours allongé dans le lit, je *vois* ce que fait cette personne » (128 ; le mot est effectivement en italique dans le texte). Un peu plus loin :

> [...] c'est Marika !... Je reconnais tout de suite le visage maigre et osseux que j'ai aperçu dans la brume l'autre soir. Elle a des jeans d'un bleu très pâle, une chemise blanche aux manches relevées et les pieds nus.
>
> Elle referme doucement la portière et jette un regard vers le lit. Je fais semblant de dormir, mais à travers mes paupières mi-closes je la vois [...]. (124)

Elle enlève ses vêtements et s'allonge près de lui : « c'est maintenant que nous sommes heureux » (129).

Le récit amoureux

Depuis qu'il a fait son « rêve amoureux », Jim a vécu une transformation qui a activé ses sens :

> Sans aucun effort, je pouvais me représenter non seulement son visage anguleux, ses yeux qui se fermaient presque quand elle souriait, et ses cheveux noirs et frisés qui commençaient à tourner au gris, mais aussi ses épaules

étroites, son corps mince, ses mains et ses pieds qui étaient curieusement de la même longueur que les miens.

Et puis, mes sens étaient plus aiguisés. (133)

Jim semble prêt, maintenant, à se remettre à écrire « la plus belle histoire qui ait jamais été écrite » (129). Après avoir vu Marika sur un radeau, Jim contemple les premières pages de la nouvelle histoire d'amour qu'il vient de commencer à écrire. Subjugué par l'amour, Jim retourne à la caverne pour découvrir que Marika est partie ; cependant la tristesse engendrée par ce départ n'entame en rien le sentiment amoureux qu'il a éprouvé, non plus que sa capacité de créer, car il se sait maintenant capable d'aimer. L'aventure littéraire de Jim se clôt avec son cheminement amoureux : « je vais essayer d'écrire la plus belle histoire d'amour qui ait jamais été écrite. » (154)

Ces quatre étapes du *Vieux Chagrin* montrent que le foyer de signification de l'œuvre réside dans le désir de *voir* Marika éprouvé par Jim. Cette aptitude à voir représente évidemment l'acceptation de la femme intérieure qui s'était profilée dans *Mon cheval pour un royaume*, et dont la présence et l'acceptation ont été si importantes dans *Le Cœur de la baleine bleue*. Ainsi, la voie de l'amour réalise un équilibre qui rend l'état amoureux possible et souhaitable. Quand il parvient à voir Marika, le personnage a enfin acquis la quiétude qui rend l'amour possible. Toute la démarche de Jim proclame que l'amour ne rend pas aveugle, mais clairvoyant.

Dans cette œuvre *littéraire*, cette marche à l'amour innerve l'écriture du personnage écrivain. Son roman d'amour dépend de ses capacités amoureuses, si bien que l'écriture, soumise à la vie, exige de l'auteur une conversion, laquelle consiste à se tourner vers l'autre partie de soi qui engendre la disponibilité amoureuse.

Ces quatre mouvements du récit intéressent à la fois dans leur similitude et leur progression. Chacun, en effet, reprend un modèle dysphorique/euphorique[9] lancé par la vision de Marika ; seule la quatrième séquence fait l'économie du mouvement dysphorique :

	La vison	Le dysphorique	L'euphorique
1. *Le désir*	Jim voit des traces de pas (9) ; réitération du désir de la voir (21, 29, 38).	Il n'arrive plus à écrire (11, 15, 23, 29, 38), « à bien voir [son] personnage féminin » (15).	La Petite relance son histoire d'amour (43).
2. *L'amour rêvé*	Jim aperçoit une silhouette (48) ; il cherche encore à voir Marika (63, 67, 69).	Perd la maîtrise de son récit (62, 67, 73).	La chaleur humaine de Bungalow réactive son écriture (77).
3. *La vision amoureuse*	Jim voit le voilier de Marika (95) ; puis la vision se précise (106).	Son récit n'avance plus (104, 113).	Jim voit Marika dans un rêve amoureux.
4. *Le récit amoureux*	Jim se représente sans effort le visage de Marika (133).		Il va essayer d'écrire la plus belle histoire d'amour qui ait jamais été écrite (154).

En conclusion tout à la fois au *Vieux Chagrin* et à ce chapitre, l'on passe pour ainsi dire tout naturellement au prochain roman, *La Tournée d'automne.* Ce septième pas dans la création de l'espace amoureux apporte cette contribution essentielle dite par la capacité de voir la femme. En cela, on pourra sembler s'être écarté quelque peu de la ligne directrice de l'ensemble de cette étude sur Poulin, mais il n'en est rien. Certes, des figures spatiales émaillent *Le Vieux Chagrin* qui nous sont familières, tels la disposition Haut / Bas du chalet de Jim qui, à l'instar du père de Jimmy, travaille au grenier[10], ou la direction Sud que prend Jim en radeau, ce qui l'amènera à voir ou à croire voir le voilier de Marika. On ne peut dire cependant de l'espace qu'il est un élément structurant de ce roman ; en revanche, il est essentiel de comprendre que son orientation autour de la vision fait exister, paraître, inscrire dans l'espace la femme.

Pour ainsi dire déréalisée[11] jusqu'à présent, la femme trouve par le moyen du regard une nouvelle existence qui, désormais, lui permettra d'exister dans l'espace amoureux ; ce sera ainsi la prochaine étape à franchir. Cette dynamique conduit, de toute évidence, au prochain roman, *La Tournée d'automne.* Autrement dit, *Le Vieux Chagrin* rend possible *La Tournée d'automne* comme roman amoureux où la femme existe désormais comme être autonome, dans l'extériorité mâle. À Marika « qui n'existait pas vraiment » (153) succédera une Marie plus présente comme femme que ne l'a jamais été aucune autre dans l'univers du narrateur ou du personnage principal. Comment se produit et se déploie ce nouveau lien ? L'étude du dernier roman de Poulin[12] explorera les arcanes de cette rencontre.

Notes

1. Jacques Poulin, *Le Vieux Chagrin*, Montréal / Arles, Leméac/Actes Sud, 1989, 158 p.

2. Jean-Paul Soulié, « Jacques Poulin après *Volkswagen blues.* D'abord vivre une histoire d'amour », *La Presse* (7 juillet 1984), p. B-3.

3. « En écrivant *Le Vieux Chagrin,* j'avais un peu l'impression d'écrire une version adulte de *Jimmy,* et c'est pour cette raison que j'ai donné le prénom de Jim au narrateur... » « Jacques Poulin [entrevue] », *Nuit blanche,* 45 (septembre-novembre 1991), p. 42.

4. Anne-Marie Voisard, « *Le Vieux Chagrin* de Jacques Poulin. Petite merveille de tendresse », *Le Soleil* (25 novembre 1989), p. F-12.

5. Jean Royer, « Jacques Poulin, romancier de la tendresse », *Le Devoir* (25 novembre 1989), p. D-11.

6. Réginald Martel, « Jacques Poulin et *Le Vieux Chagrin* : la nouvelle version du chef-d'oeuvre », *La Presse* (18 novembre 1989), p. K-3.

7. Jean-Roch Boivin, « Entre le grenier et la caverne, il y a les chats », *Le Devoir* (25 novembre 1989), p. B-7.

8. François Ouellet, « Jacques Poulin [entrevue] », *Nuit blanche,* 45 (septembre-novembre 1991), p. 40-43.

9. Le préfixe *dys* signifie difficulté, manque; *eu-*, bien, agréablement, et *phorique,* porter.

10. Le chalet n'est d'ailleurs pas sans rapport avec celui de *Jimmy* en ce qui concerne sa structure et sa localisation, Cap-Rouge. « C'était la maison de mon enfance », note Jim (10).

11. J'insiste sur le mot « déréalisée », car il nous fait inévitablement réfléchir sur cette vérité tellement simple et courante qu'elle risque de nous échapper : la femme est le sujet sans doute le plus métaphorisé par les créateurs (majoritairement mâles, il va sans dire), si bien que cette sorte de toile imaginaire emprisonne tant l'homme que la femme dans cette désubstantialisation. Pensons un renversement où la majorité des écrits seraient dus à des femmes, et qu'ils dressent le portait de l'homme imaginaire !

12. Au moment d'écrire ces lignes, bien sûr.

La Tournée d'automne : le paysage total

> Quand l'amour vous fait signe de le suivre,
> suivez-le,
> Bien que ses chemins soient rudes et escarpés.
>
> Khalil Gibran, *Le Prophète.*

L'œuvre de Jacques Poulin n'est sans doute pas terminée. Il est raisonnable de penser que *La Tournée d'automne*, paru en 1993, sera suivi d'un neuvième roman, dans… quelques années ! En effet, l'auteur ressemblant à ses personnages écrivains, il lui faut beaucoup de temps, et même de plus en plus, pour publier un nouveau livre.

Il ne s'agit pas ici de deviner quand paraîtra le prochain roman ou encore quels seront ses thèmes. Je veux plutôt faire ressortir le risque rattaché au fait d'écrire cette étude sur une œuvre *en cours.* J'ai proposé de cette œuvre une lecture suggérant une certaine cohérence qui, il faut l'admettre, pourrait être démentie par l'avenir ; et je plonge davantage dans cette zone de risque en affirmant que *La Tournée d'automne* représente un accomplissement annoncé par les romans précédents.

Voilà évidemment le sens que je souhaite donner à ce dernier chapitre : faire voir que, dans ce roman, les principales pistes, promesses, quêtes des romans antérieurs trouvent une forme d'aboutissement. *La Tournée d'automne* présente comme une sorte de « sens plein » par rapport aux textes publiés antérieurement. La plus récente des œuvres est aussi la plus achevée.

Par *achevée*, il ne faut pas nécessairement entendre la plus réussie, car *La Tournée d'automne* est un très bon roman que, avec raison je crois, les critiques ont placé un cran derrière *Le Vieux Chagrin.* Cependant, cet achèvement que je veux montrer ici ne repose pas sur la qualité, mais sur la quête amoureuse qui parcourt toute l'entreprise littéraire de Poulin. En d'autres termes, dans

La Tournée d'automne s'épanouissent des structures, des thèmes, bref un langage qui était encore une promesse dans les œuvres précédentes.

Mais encore, quelle moisson récoltons-nous avec ce huitième roman ? La plus importante touche l'espace, plus précisément l'invention d'un paysage. Toutes les œuvres antérieures ont mis au centre de la création littéraire cette alchimie de l'espace, cette édification d'un lieu où le couple amoureux trouve un équilibre ; ce sera la porte d'entrée principale pour comprendre *La Tournée d'automne.* Je considérerai ensuite les thèmes majeurs suivants : les livres, la lumière, le jeu, les chats et, enfin, la mort, thèmes qui gouvernent tout le roman et qui seront étudiés en liaison avec ce qui désigne, somme toute, l'apex de ce roman et des vingt-cinq ans d'écriture de Poulin, l'accomplissement amoureux. Ces étapes suivront un résumé et un regard rapide sur l'appréciation critique de *La Tournée d'automne.*

Livres qui roulent n'amassent pas mousse

Jacques Poulin n'est pas l'homme des longs chapitres ! Comme plusieurs de ses autres romans, *La Tournée d'automne* a un rythme rapide, vingt-cinq chapitres scandant un texte d'au plus deux cents pages. Ce fractionnement du récit répond par ailleurs aux étapes d'un parcours dans l'espace, celui de la tournée d'un chauffeur de *bibliobus.*

Le personnage principal est désigné simplement comme « le Chauffeur », et son travail consiste à parcourir la Côte-Nord, de la région de Charlevoix jusqu'à Havre-Saint-Pierre. Au service du ministère de la Culture, il possède une camionnette de laitier transformée en bibliobus, sorte de bibliothèque ambulante qui passe de village en village. Les lecteurs sont de deux types : responsables d'un réseau qui distribuent à leur tour les livres et lecteurs solitaires.

Or, le Chauffeur accomplit chaque année trois tournées, au printemps, à l'été et à l'automne ; et il s'apprête ici à entreprendre la tournée d'été, « qui allait être la dernière » (26). Ce n'est pas que le Chauffeur ait été congédié ou qu'il veuille quitter son emploi ; il désire plutôt, au terme de sa tournée d'été, quitter… la vie, se suicider, gardant pour cela, dans un coffre de son véhicule, « un tuyau flexible en matière ignifuge dont la longueur était suffisante pour relier le pot d'échappement à la glace de la portière du conducteur » (74). Quel étrange mal le pousse à agir ainsi ? Simplement la vieillesse, la décrépitude : « Devenir vieux, c'est une chose qui ne m'intéresse pas du tout. J'ai décidé depuis un bon moment que la tournée d'été serait la dernière » (48).

C'était cependant ne pas compter avec le hasard (qui deviendra destin), car cet homme aux cheveux gris, dont on peut supposer qu'il est dans la cinquantaine, rencontre, avant de commencer sa tournée d'été, une certaine Marie, qui changera sa vie, qui la sauvera, pour mieux dire.

Cette Marie fait partie, avec Slim l'équilibriste, Mélodie la chanteuse et d'autres membres, d'une troupe de Français venue participer au Festival d'été de Québec. Or, la semaine précédant sa tournée d'été, le Chauffeur assiste à quelques-unes de leurs représentations et est tout de suite séduit par cette Marie, la « mère-poule » du groupe qui veille à la bonne marche des spectacles. Le Chauffeur et elle se revoient à quelques reprises, si bien que, la troupe voulant visiter Charlevoix et la Côte-Nord, Marie finit par demander : « Ça ne vous ennuierait pas si on faisait une partie du voyage avec vous ? » (32).

Le Chauffeur accepte, leur déniche un vieil autobus scolaire, de telle sorte qu'ils amorcent l'un, sa tournée d'été, les autres, leur visite du Québec. D'un endroit à l'autre — La Malbaie, Port-au-Persil, Tadoussac jusqu'à Havre-Saint-Pierre —, le Chauffeur distribue ses livres et, surtout, découvre son inclination pour Marie :

« jamais, lui confie-t-il, je n'ai fait une aussi belle tournée et c'est sûrement à cause de vous. J'ai toujours hâte de vous voir » (104).

C'est d'ailleurs à Havre-Saint-Pierre que se produit une séparation importante. Le reste de la troupe poursuit son exploration de la Côte-Nord, tandis que Marie retourne avec le Chauffeur à Québec, car elle doit y prendre un avion pour retourner en France. Le couple prend le traversier qui le mène sur la rive sud et se dirige vers le lieu du départ, Québec, retour marqué de quelques arrêts, en particulier à l'île Bonaventure. Or, l'amour a fait son œuvre de vie, car le Chauffeur a pris une décision importante qu'il confie à Marie à l'endroit même où ils s'étaient rencontrés la première fois : « J'ai décidé de faire la tournée d'automne et je veux seulement vous demander… si vous accepteriez de la faire avec moi » (207). C'est sur l'acceptation de Marie que se ferme *La Tournée d'automne.*

Cette histoire de mort et d'amour, où l'intensité de l'une est en raison inverse de celle de l'autre, a été favorablement accueillie par la critique, bien que, je le répète, *Le Vieux chagrin* semble avoir séduit davantage. Jacques Allard écrit : « *La Tournée d'automne* n'a sans doute pas la densité du *Vieux Chagrin* », ce qui ne l'a pas empêché d'intituler son article « Dieu soit remercié pour les romans de Jacques Poulin[1]». Allard ajoute cette remarque qui va au cœur de *La Tournée d'automne* : « l'amour et les livres font recommencer la vie ». Quant à Réginald Martel, il note combien Poulin s'exprime, comme toujours d'ailleurs, « avec une très grande économie de moyens, avec un réalisme aussi qui n'empêche pas la poésie d'affleurer sans cesse […][2]. » Et c'est tout, enfin presque, puisqu'on peut toujours ajouter une appréciation plutôt descriptive d'Anne-Marie Voisard[3].

Que faut-il comprendre derrière cette retenue critique ? Il y a unanimité, *La Tournée d'automne* est un bon, ou mieux, un beau roman, mais à propos duquel il semble y avoir peu à dire. Le responsable est certainement l'auteur lui-même, qui a conservé la simplicité du langage du *Vieux Chagrin*, et qui a, dans *La Tournée d'automne*, encore amenuisé l'intrigue, préférant « l'incident à l'accident », comme l'a relevé Jacques Allard. Il est des romans touffus comme certaines forêts, où chaque pas est péniblement conquis ; tout autre cependant est la promenade dans *La Tournée d'automne*, les signes disposés avec parcimonie et discrétion appelant une attention à la sobriété plutôt qu'à l'abondance.

Or, le plus important de ces signes est l'espace. Dans toute l'œuvre de Poulin, l'espace est constitutif d'une façon de voir le monde et, plus particulièrement, le lien entre l'homme et la femme. *La Tournée d'automne*, en sa qualité d'accomplissement spatial, entraîne un retour sur tous les romans antérieurs en tant que ceux-ci, pas à pas, ont posé chacun un morceau du puzzle spatial ; et cette totalité désormais conquise se comprend d'autant mieux que, préalablement, sera bien fondée l'importance de l'espace comme vision du monde.

Si je parle de « modèle achevé», c'est que l'espace comme modèle du monde est susceptible d'une réalisation plus ou moins réussie, selon qu'il exprime, en tant que langage, un système de valeurs positif ou négatif. On le sait déjà, les sémioticiens nomment *axiologie* ce système de valeurs, et *euphorie/dysphorie* l'ensemble des valeurs *positif/négatif*.

S'agissant de l'espace, rappelons dès lors les deux systèmes de valeurs spatiales, positif et négatif, *eutopie* et *cacotopie*. L'eutopie conjugue un ensemble de lieux de qualité où s'exprime l'équilibre et où le déplacement est souhaitable ; par contre, la cacotopie représente un espace incomplet, inachevé, perturbant.

Si j'ai parlé dans le cas de *La Tournée d'automne* d'une œuvre achevée sur le plan du modèle spatial de l'univers, d'un roman, donc, dominé par l'eutopie, il ne faut pas oublier que cet accès à l'eutopie s'est préparé d'un roman à l'autre, depuis *Mon cheval pour un royaume*. Comprendre, donc, l'eutopie de *La Tournée d'au-*

tomne, c'est retracer sa longue genèse depuis 1967 ; je reprendrai donc ici des éléments d'analyse antérieure pour les conduire jusqu'à la nouvelle cohérence de *La Tournée d'automne*.

La première séquence eutopique, dans *Mon cheval pour un royaume*, nous rappelle cette scène de la rencontre entre Pierre et Simon. Ils partent en calèche, descendant la rue pour arriver, en bas, dans « un monde mystérieux » (26). Plus loin, une séquence mettant en scène Pierre, Simon et Nathalie pose la même structure de l'espace : le haut, un sentier, et le bas, lieu d'ombre et de paix (34-35). L'eutopie, dans *Mon cheval pour un royaume*, s'articule selon les pôles haut/bas, avec un déplacement d'un pôle à l'autre. Le haut est le lieu du soleil, le bas, de l'eau, de l'ombre et de la paix ; et, dans les deux cas, un déplacement se produit d'un pôle à l'autre.

Tout, dans *Jimmy*, semble renfermer des éléments de cacotopie : l'effondrement du chalet comme espace de l'enfance, la dérive finale comme déplacement non consenti. Cependant, l'eutopie transparaît dans quelques séquences brèves, dont en particulier l'excursion de Jimmy avec Mary dans la mer des Sargasses : un homme, une femme, un mouvement souhaité vers « les Mers du Sud » (76). L'eutopie haut/bas se double d'un axe Nord/Sud qui peut lui être homologué ; et deux êtres habitent cette eutopie, un homme et une femme.

Le Cœur de la baleine bleue, comme *Jimmy*, insère l'eutopie dans des séquences brèves du récit de Noël. Ce dernier quête un « paysage rêvé » qu'il n'arrive d'ailleurs pas à voir dans son ensemble (42) ; mais cet espace est assez précis pour qu'il voie le haut d'une falaise, le soleil, un sentier, le bas et l'eau, une descente le long de ce sentier (102). Par ailleurs, ce paysage eutopique procure à Noël un sentiment d'aise, « un abri, un refuge » (103).

Que dire, cependant, de l'espace dans *Faites de beaux rêves* ? C'est justement du côté de ce fameux rêve d'Amadou, au terme duquel il se sent « en paix » (114), qu'apparaît une eutopie formée d'une caravane d'immigrants avec Théo, le long de la piste de l'Oregon. Et Théo d'ajouter « que si on allait plus au Sud [...], on pouvait trouver l'Or de la Californie et la Terre promise » (115). Rêve fondamental non seulement parce qu'il annonce *Volkswagen blues*, mais surtout parce qu'il renforce notre compréhension de l'eutopie, le mouvement vers le bas, le Sud, l'Or, l'harmonie.

Faisons une pause avant de parler des romans ultérieurs, pour préciser que l'eutopie n'est pas un lieu, mais un ensemble de lieux créant un espace animé par le mouvement. Cependant, l'eutopie consiste-t-elle à accéder au bas/Sud ? Implique-t-elle l'harmonie du Nord et du Sud ? Il reviendra aux œuvres suivantes d'approfondir ces questions, œuvres qui se démarquent radicalement des autres en ce que l'eutopie, plutôt que d'être livrée sous forme de séquences brèves, gouverne et organise les textes tout entiers.

Ainsi, dans *Les Grandes Marées*, la spatialité insulaire agence toutes les données importantes du roman dans une structure familière : maisons du Nord et du Sud, lieux respectifs de l'Homme et de la Femme avec, pour les relier, un sentier. Cette disposition géographique tire sa propriété d'eutopie du fait qu'elle représente un paysage humain d'harmonie : « On était bien dans l'île » (143), regrettera Marie. Eutopie éphémère, en effet, l'arrivée des autres personnages érodant progressivement cet équilibre.

Volkswagen blues ne se comprend pas autrement : la quête de Jack porte à sa plus grande intensité la recherche du Sud. On se rappellera les nombreux signaux — la légende de l'Eldorado, l'édifice de la Royal Bank, la murale de Rivera, etc. — qui jalonnent le parcours vers le Sud, la terre promise. Inutile d'évoquer de nouveau l'issue de cette quête.

Le Vieux Chagrin fait une pause dans cette quête spatiale, car c'est l'un des romans de Poulin où le personnage se déplace le moins. Toutefois, le même symbolisme spatial persiste, même discrètement. Par exemple, c'est évidemment au grenier que Jim écrit (11) ; le minibus est stationné en haut de la falaise, et un sentier relie cet endroit à la maison, au bas, à la caverne de Marika (21). Notons surtout que, lorsqu'il se laisse dériver sur un radeau, Jim se réveille perdu dans la brume, s'installe aux avirons et se dirige vers le sud (143) : c'est à ce moment qu'il croit apercevoir le voilier de Marika.

Ce rappel synthétique était nécessaire pour montrer que les sept romans participent d'une spatialité commune. Tous évoquent l'eutopie selon une dimension haut/bas, Nord/Sud, assortie d'un déplacement du personnage principal. Cette structure matricielle, qui devient une structure ontologique, absorbe à son tour des caractéristiques non spatiales, dont l'ensemble peut être résumé de la façon suivante :

Haut / Nord	:	Soleil, homme, travail, écriture, mesure, raison
Mouvement		
Bas / Sud	:	Eau, algues, ombre, paix, lenteur, or, terre promise, chaleur, femme

Cette structure eutopique représente une structure d'être dans la mesure où, lorsqu'elle est pleinement réalisée, elle entraîne un équilibre des rapports entre l'homme et la femme. Or, dans les sept romans que nous avons considérés, elle ne se réalise qu'à la manière d'un songe ou d'une situation éphémère. Un roman qui serait construit en fonction d'un espace eutopique porterait à un niveau d'intensité plus élevé les rapports amoureux, car c'est toujours de ces rapports qu'il s'agit. Ce roman, c'est *La Tournée d'automne*, où l'eutopie, dans sa plénitude, fait naître l'euphorie amoureuse. Espace et couple sont inséparables dans la création du paysage amoureux ; l'amour n'est pas ici qu'un sentiment, qu'un thème, il vit par une forme, une esthétique.

Premier roman de l'amour accompli, *La Tournée d'automne* fait s'épanouir simultanément une signification et une forme qui, patiemment élaborées dans les sept romans précédents, doivent maintenant être comprises comme le centre de cette dernière œuvre comme de toutes les autres. Il a été question, dans l'introduction à cette étude, de la montée d'un discours amoureux, d'une marche à l'amour, de la création d'un espace, d'un paysage amoureux. Cette recherche d'une forme amoureuse, c'est-à-dire de cette harmonie entre les rapports homme-femme et son expression textuelle, n'était peut-être pas très évidente lors de l'analyse des premières œuvres ; cependant, *La Tournée d'automne* regroupe comme dans une zone de haute densité la plupart des éléments fondamentaux qui sont préalablement ressortis, organisés autour de la matrice universelle qu'est l'espace.

Il s'agira donc, maintenant, de saisir la structure de l'espace dans *La Tournée d'automne* dans son ensemble ainsi que dans ses transformations internes, et d'associer à cette forme spatiale quelques autres éléments non spatiaux : les livres et la lumière, le jeu, les chats et, enfin, la mort.

Le circuit amoureux : fermer le cercle

Le Chauffeur et Marie se rencontrent à Québec, si bien qu'au début, aucun déplacement ne s'annonce dans leur relation. Cependant, l'espace déjà présent invite à la découverte puisque, dès le début du roman, les musiciens et Marie, appuyés au garde-fou de la terrasse Dufferin, s'extasient à la vue de l'espace qui s'offre à eux : « Ils ne cachaient pas leur admiration devant l'immensité du paysage » (10). Chaque fois que le regard se porte au loin, l'émotion est la même : « Eux qui, à la moindre occasion, blaguaient et se jouaient des tours, restèrent un bon moment sans rien dire, ébahis, les yeux ronds. [...] À mesure qu'ils descendaient vers la terrasse, le paysage s'élargissait sous leurs yeux » (33).

L'espace initial de *La Tournée d'automne* procède d'une ambiguïté : fixe, il désigne la rencontre entre le Chauffeur et Marie ; ouvert, il appelle au voyage. Il faudra par conséquent une demande, établissant un contrat, pour que Marie et le conducteur du bibliobus partent ensemble : « Ça ne vous ennuierait si on faisait une partie du voyage avec vous ? » (32). Et le Chauffeur accepte cette demande. Nous avons donc une première grande séquence regroupant les chapitres 1 à 7, c'est-à-dire ceux qui précèdent le départ, la disjonction spatiale, que l'on peut figurer ainsi :

Séquence 1 :

La rencontre : terrasse Dufferin

Paysage immense

Invitation au déplacement

Chauffeur + Marie + musiciens

Contrat accepté par le Chauffeur

S'amorce maintenant la tournée du Chauffeur, accompagné de Marie et des musiciens. Bien sûr, le groupe parcourt un espace varié qui les conduit vers le Nord : « Il faisait déjà une chaleur insupportable et tout le monde était content d'aller vers le nord » (51). Chaque arrêt apporte au Chauffeur des émotions particulières, tantôt de joie, tantôt de tristesse, pendant qu'il sent son inclination pour Marie se renforcer: « Je me demande, lui dit-il, comment j'ai fait pour me passer de vous jusqu'à maintenant… » (104). Cette deuxième séquence regroupe les chapitres 8 à 20, car c'est au terme de celle-ci que se produit une nouvelle disjonction importante : Marie se sépare de son groupe qui, lui, continue vers le Nord, alors qu'elle accepte de retourner à Québec avec le Chauffeur. Ainsi :

Séquence 1 :	Séquence 2 :
La rencontre : terrasse Dufferin	Disjonction spatiale :
Paysage immense	Tournée d'été
Invitation au déplacement	Voyage vers le Nord
Chauffeur + Marie + musiciens	Contrat accepté par Marie
Contrat accepté par le Chauffeur	Disjonction Marie-musiciens
	Aveu amoureux

La troisième séquence est fort brève, mais capitale : un seul chapitre, « Le ventre de la baleine ». Il s'agit d'un moment de transition à tous égards, et il faut se rappeler, sur ce point, la symbolique dégagée du *Cœur de la baleine bleue.*

Ici, la baleine, c'est le traversier qui conduit Marie et le Chauffeur de Baie-Comeau à Matane : « le Chauffeur, au moment d'engager son camion dans cette large gueule, eut le sentiment de s'engouffrer dans le ventre d'une baleine » (175), animal porteur de transformation, voire de résurrection. Or, cette traversée décisive change l'axe d'orientation des deux personnages, de la rive nord à la rive sud du Saint-Laurent. Plus qu'une nouvelle disjonction, la traversée modifie la direction dans l'espace, et le thème de la mort, que l'on verra en dernier lieu, en fera comprendre davantage le sens. Pour l'instant, établissons cette nouvelle séquence :

Séquence 1 :	Séquence 2 :	Séquence 3 :
La rencontre : terrasse Dufferin	Disjonction spatiale :	Baleine, passage symbolique
Paysage immense	Tournée d'été	Réorientation Nord/Sud

Séquence 1 : Invitation au déplacement	**Séquence 2 :** Voyage vers le Nord	**Séquence 3 :** Début de l'automne
Chauffeur + Marie + musiciens	Contrat accepté par Marie	
Contrat accepté par le Chauffeur	Disjonction Marie-musiciens	
	Aveu amoureux	

Enfin, la dernière séquence regroupe les quatre derniers chapitres qui suivent le Chauffeur et Marie dans leur retour à Québec. Ce voyage les ramène vers le Sud, mais il est surtout marqué par l'engagement amoureux : pour la première fois ils font l'amour (chapitre 23) et, ultimement, Marie accepte de faire la tournée d'automne avec le Chauffeur, plutôt que de retourner en France.

Dans *Le Vieux Chagrin*, Jim se demandait si le long voyage de la vie « n'était en réalité qu'une longue courbe fermée au bout de laquelle on revenait au point de départ » (89). C'était à ce moment sans compter avec la découverte qu'il devait faire, plus tard, de l'état amoureux qui, dans *La Tournée d'automne*, sera lui aussi un long parcours circulaire, une boucle fermée.

Le récit a commencé à Québec, on le sait ; puis, le Chauffeur et Marie ont fait la tournée d'été, traversé le fleuve et sont revenus à Québec, à « l'endroit exact où ils s'étaient vus pour la première fois » (206). Ce long parcours circulaire, d'abord vers le Nord puis vers le Sud, referme une structure eutopique qui se clôt par un lien amoureux. Voilà de l'inédit dans l'œuvre de Poulin ! Le déplacement s'est fait dans les deux axes Nord/Sud, par les deux personnages, et ce périple intégral participe de la montée d'un désir et d'un discours amoureux qui culminent au moment où se soudent l'alpha et l'oméga du parcours dans l'espace. Eutopie et réalisation amoureuse se fusionnent pleinement quand le cercle est refermé, dans toute sa plénitude. Il n'est pas étonnant que, pour une fois, l'automne ne tue pas, à la différence de ce qui se passe dans les autres romans ; le temps s'associe de cette manière à la symbolique de l'espace, à la plénitude réalisée. La dernière séquence se présente dès lors ainsi :

Séquence 1 :	**Séquence 2 :**	**Séquence 3 :**	**Séquence 4 :**
La rencontre : terrasse Dufferin	Disjonction spatiale :	Baleine, passage symbolique	Voyage vers le Sud
Paysage immense	Tournée d'été	Réorientation Nord/Sud	Contrat amoureux
Invitation au déplacement	Voyage vers le Nord	Début de l'automne	Retour au lieu de départ, terrasse Dufferin
Chauffeur + Marie + Musiciens	Contrat accepté par Marie		
Contrat accepté par le Chauffeur	Disjonction Marie-musiciens		
	Aveu amoureux		

Le cercle est maintenant fermé ; cependant, les liens entre les quatre séquences ne sont pas tout à fait clairs. S'opposent-elles les unes aux autres ? Peuvent-elles être partiellement regroupées ? D'autres éléments affineront maintenant cette dynamique, en premier lieu les livres et la lumière.

Les livres s'envolent

Il est intéressant de noter, au début de *La Tournée d'automne*, une grande foi dans les livres, qui créent dans le bibliobus « un autre monde, un monde silencieux et réconfortant » (13). Cependant, une fois la tournée amorcée, ce sentiment de confiance se fane peu à peu, au point que le Chauffeur « ne trouve que des mots dénués de sens » (113). En fait, le monde des livres lui apparaît même comme artificiel ou, en tout cas, éloigné de la réalité : « C'est vrai que les livres nous protègent, dit-il, mais leur protection ne dure pas éternellement. C'est un peu comme les rêves. Un jour ou l'autre, la vie nous rattrape » (135). Faut-il s'étonner, dès lors, de ce qui se passe au bout de la route, à la fin de la tournée ? C'est un pilote d'avion qui prend les livres pour les distribuer. Littéralement, les livres s'envolent. Comme si cela ne suffisait pas, au moment où pourtant sa tournée est finie et où le Chauffeur est arrivé sur la rive sud, une jeune fille en moto lui demande s'il peut lui prêter des livres qui répondent aux questions « Pourquoi on vit, pourquoi on meurt » (184). Désarroi total chez le Chauffeur et Marie — « on n'a pas le livre que vous cherchez, dit-il, la mort dans l'âme » (184) —, de telle sorte que « toute la journée, ils furent obsédés par le sentiment d'un échec, l'impression de ne pas avoir fait ce qu'il fallait » (185). Par ailleurs, cet échec a été préparé par la séquence de la baleine, où le livre a été comparé « à un bébé dans le ventre de sa mère » (170). Cependant, la métaphore s'éteindra d'elle-même, n'engendrant aucune régénération possible : « Je voulais savoir comment les livres viennent au monde… Eh bien, c'est resté un mystère pour moi » (170). Ainsi :

Séquence 1	vs	**Séquence 2**	+	**Séquence 3**	vs	**Séquence 4**
Foi dans le livre		Doute les livres s'envolent		Naissance incompréhensible		Échec du livre

Cela s'exprime en plus simple par le mouvement

Foi vs Échec

Toutefois, il est un motif des plus intéressants rattaché aux livres et à leur effacement, celui de la lumière. Dans la première séquence, une photo de la librairie Shakespeare and Company, de Paris, attire notre attention ; affichée dans le bibliobus, elle scande les étapes du déclin des livres par l'entremise de la lumière. Au début, donc, elle est décrite ainsi : « C'était au crépuscule, une lumière vive et dorée émanait des vitrines de la librairie et se répandait dans l'ombre bleutée » (48). Cette lumière persiste malgré tout dans la deuxième séquence : « ce sont les livres eux-mêmes qui font jaillir la lumière » (84), association que le Chauffeur établit depuis son enfance (105). Cependant, dans la quatrième séquence, les livres ont considérablement perdu de leur éclat, témoin encore la libraire Shakespeare and Company ; cela se produit au moment où Marie vient d'apprendre que Slim s'est fracturé le poignet : « Au-dessus de l'évier, la bonne vieille photo de la librairie Shakespeare and Company n'avait pas son éclat habituel » (200).

Mais voilà qui serait un peu court de simplement chanter le requiem de la lumière des livres ; car, pendant que celle-ci se meurt, naît une autre lumière, humaine, plus précisément amoureuse, produite par le contact entre Marie et le Chauffeur. Au début, lorsque le Chauffeur touche Marie joue contre joue, « en attendant l'apparition du soleil », le bien-être n'engendre pas encore la lumière ; cependant, peu avant leur engagement amoureux de la fin, une lumière jaillit de Marie ; « Elle se laissait faire, avec un air timide mais aussi un évident bien-être ; cela se voyait à la lumière qui filtrait de ses yeux mi-clos » (189).

Ainsi, liés par ce motif de la lumière, le livre s'oppose à Marie comme la non-vie s'oppose à la vie. Le crépuscule de l'une trouve un nouveau sens dans son rapport inversé avec l'autre, faisant en cela un écho nécessaire à la préséance du sentiment amoureux sur l'écriture et la littérature.

Séquences 1 + 2 + 3	**VS**	**Séquence 4**
Lumière du livre		Perte d'éclat
Non-éclat du sentiment amoureux		Lumière du sentiment amoureux
	d'où	
non-vie		vie
littérature		lien amoureux

La fin des jeux

J'ai signalé, plus haut, que la fadeur de la librairie coïncidait avec la fracture de Slim. Or, cela non plus n'est pas un hasard, puisque cet accident nous renvoie à la fin des jeux. Encore ici, il faut rappeler l'importance du jeu dans la création d'un univers imaginaire, et *Faites de beaux rêves* nous a fourni l'occasion de réfléchir sur cette signification du jeu. Or, quand les amis de Marie font leur spectacle, la magie s'accomplit chaque fois, particulièrement quand Slim fait son numéro d'équilibriste : « tout devint irréel et merveilleux » (19). Slim est un magicien (79) et son spectacle est « magique » (80). Cependant, après la séparation entre Marie et le reste du groupe, il fallait s'attendre à la mort des jeux, leur irréalité succombant comme celle du livre, qui lui aussi est jeu. Parce que les spectateurs n'étaient plus assez enthousiastes, Slim en avait mis un peu trop et avait chuté. C'est ensuite en l'enlaçant que le Chauffeur calme Marie et, « au petit matin, elle était tournée vers lui et dormait paisiblement » (p. 203). D'où :

Séquences 1 + 2 + 3	**VS**	**Séquence 4**
Succès au jeu		Échec du jeu
		Présence du sentiment amoureux
Irréel		Réel

Ces oppositions croisent celles qui précèdent décrivant le statut du livre.

Chat-oiements

La prochaine étape apparaîtra peut-être forcée ou incongrue ; pourtant, les chats ou, plus précisément, leur couleur semble s'accorder avec les mouvements mêmes de *La Tournée d'automne*. Ces chats sont, dans la séquence 1, blanc, 2, noir, jaune, gris et blanc, et tigrés, et 4, gris. Or, le blanc désigne « la couleur du candidat, c'est-à-dire de celui qui va changer de condition[4]. » Dans la séquence initiale, le premier chat est celui des promesses de changement. Par contre, le premier chat de la seconde séquence, noir, est celui de la mort ; car cette tournée d'été sera la dernière, la tournée d'automne ne devant normalement pas avoir lieu. N'est-ce pas pour nous le rappeler que, tout de suite après le chat noir, apparaît ce chat jaune ? Car « cette couleur des épis mûrs de l'été annonce déjà celle de l'automne, où la terre se dénude, perdant son manteau de verdure. Elle est alors annonciatrice de déclin de la vieillesse, des approches de la mort. À la limite le jaune devient un substitut du noir[5]. » Enfin, les chats gris et blanc et tigrés, toujours dans la deuxième séquence, par leurs couleurs non uniformes, éclatées, renvoient, le premier à l'humeur mélancolique du chauffeur, les autres, à la rupture entre Marie et les musiciens (162). Enfin, le dernier chat apparaît dans la quatrième séquence. De couleur grise, il renvoie, comme une réponse, aux promesses du chat blanc initial. Le gris est couleur de résurrection[6]. Plus encore, le gris est au centre de toutes les couleurs en même temps que de l'équilibre des sexes dans l'homme[7]. Est-ce à dire que l'androgynie se trouve enfin réalisée ? Ce parcours des couleurs se présente comme suit :

Séquence 1	**vs**	**Séquence 2**	**[Séquence 3]**	**vs**	**Séquence 4**
Blanc = promesse		Noir = mort Jaune = automne Gris-blanc et tigrés = disharmonie	[Baleine]		Gris = équilibre

Au début, il y avait la mort

La mort, enfin, est omniprésente dans *La Tournée d'automne.* Qu'il soit question de la mort douce de Céline (70), de la maladie du plus âgé des membres du réseau, Georges (72), du vieux peintre qui est le double (malade) du Chauffeur (98-99), tout renvoie à cette mort qui hante le personnage principal ; celui-ci avait d'ailleurs formé, dès le début de sa tournée d'été, le projet de se suicider à la fin de celle-ci.

Or, chaque section fait progresser l'idée de la mort. La première séquence renferme une allusion discrète : « Devenir vieux, c'est une chose qui ne m'intéresse pas du tout. J'ai décidé depuis un bon moment que la tournée d'été serait la dernière » (48). La deuxième séquence dissipe toute équivoque, faisant voir le tuyau qui servira au suicide (75, 148). La troisième séquence, si courte soit-elle, est celle qui offre les plus importants propos du Chauffeur sur la mort ; celui-ci fait une longue sortie contre l'âge d'or, la sagesse, la sérénité liées à la vieillesse, toutes des faussetés. « Quand les déficiences physiques viendront s'ajouter à tout cela — et elles sont inévitables —, ce sera le désastre, la déchéance » (171). Et, sans doute pour la seule fois du roman, le Chauffeur parle d'un ton énervé et durci. Mais, on le sait, l'amour modifiera les projets du Chauffeur, qui acceptera en fin de compte de faire la tournée d'automne avec Marie.

Cet important thème suit le mouvement suivant :

Séquences 1 + 2 + 3	**VS**	**Séquence 4**
Mort Évocation - affirmation - révolte		Vie

Conclure sur une île

Comme on le voit, à partir du parcours spatial du Chauffeur et de Marie s'organise un réseau complexe de sens dont quelques-uns des étages ont été proposés ici. Cependant, un tableau d'ensemble permettra de mieux voir cette structure, tableau qui pose l'espace comme foyer organisateur de l'axiologie essentielle de *La Tournée d'automne*.

Lieu initial -	**Nord** -	**Transition** -	**Sud** -	**Lieu final**
Terrasse Dufferin	Tournée d'été ultime	Traversier baleine	Tournée d'automne possible	Terrasse Dufferin
Promesse -	**Indices** -	**Invitation** -	**Lien** -	**Engagement**
amoureuse	amoureux	amoureuse	amoureux	amoureux

Irréel vs **Réel**

Mort vs **Vie**

La Tournée d'automne offre une dynamique de transformation dont les éléments se répondent d'un niveau à l'autre (livres, jeu, lumière, etc.) pour créer l'espace amoureux investi des axes sémantiques irréel/réel, mort/vie. Cependant, cette dynamique de retour au point de départ est aussi une boucle, voire un cercle ; elle nous conduit, en conclusion, à une autre figure spatiale, l'île.

J'ai volontairement omis, depuis le début, cette figure de l'espace pourtant essentielle, l'île. Il y a à cela deux raisons. D'abord, l'île est en marge de l'espace parcouru par Marie et le Chauffeur ; ensuite, sa signification ne peut être pleinement comprise qu'au terme d'une saisie globale de l'espace amoureux de *La Tournée d'automne.*

En fait, trois îles marquent chacune des séquences du roman, à l'exception, prévisible, de la traversée de la troisième séquence. La séquence 1 offre un chapitre sur l'île d'Orléans, la séquence 2, l'île aux Coudres et la séquence 3, l'île Bonaventure. Chacune d'elles porte un sens particulier. Ainsi, l'île d'Orléans, dont le chapitre qui la présente s'intitule « L'île endormie », renvoie à la promesse amoureuse : « je pensais que mon cœur était endormi » (113), dit le Chauffeur à son ami Jack. L'île aux Coudres dépeint l'ambiguïté amoureuse ; non seulement est-ce là que Marie et le Chauffeur aperçoivent le chat noir, mais aussi, en voyant Slim et Mélodie s'ébattre comme deux amoureux, Marie est très émue (64). Enfin, l'île Bonaventure est celle où les deux amants font l'amour pour la première fois. En outre, une luminosité particulière domine dans chaque cas :

Île d'Orléans	**Île aux Coudres**	**Île Bonaventure**
Sommeil amoureux	Transition amoureuse	Lien amoureux
Brume et noirceur (46)	Soleil (65)	Ombre et soleil (191)

Il n'est pas étonnant que l'ombre et le soleil, qui « se mélangeaient agréablement » (191), président au lien amoureux ; rappelons-nous *Mon cheval pour un royaume* où, dans le paysage eutopique, le soleil se situait dans l'axe du haut, et l'ombre dans celui du bas. L'ombre est au yin ce que le soleil est au yang, et leur mélange agréable correspond à cette longue conquête de l'équilibre entre les versants apparemment contradictoires des choses, de l'être humain.

Examinons plus en détail dans cette aventure des formes de l'espace. *La Tournée d'automne* s'organise en fonction de deux grands volets spatiaux. D'une part, la plus importante par ailleurs, le parcours Nord-Sud avec le retour au point d'origine ; d'autre part, l'île, qui en trois occasions marque une sorte de lieu marginal par rapport au périple Nord-Sud. Ce lieu marginal n'est toutefois pas insignifiant ; sa symbolique amoureuse est importante, mais il y a plus. L'île représente en effet le lieu où Marie voit ce que le Chauffeur n'arrive pas à voir, en l'occurrence des oiseaux. Dans l'île d'Orléans, la femme voit un hibou ; « je ne vois rien » (48), dit l'homme tristement. La même situation se produit sur l'île aux Coudres : « Je ne les vois pas », dit le Chauffeur » (65), et sur l'île Bonaventure : « Moi je n'ai vu qu'un tas d'oiseaux qui criaient, dit-il honteusement » (192).

L'île est ainsi l'espace de la femme, temple de paix, lieu sacré qui rend clairvoyant ; l'homme y a accès temporairement, mais sa vision est limitée. Cependant, au cercle de l'île immuable, donné comme immédiatement plein, l'homme s'est construit son propre cercle par le mouvement : la boucle Québec —> Nord —> Sud —> Québec a permis au mâle de construire ce qui était déjà donné à la femme.

Avancées interprétatives sans fondement ? Certainement pas. Car il faut ajouter, pour donner à la structure romanesque toute sa cohésion, le pont, médiation entre le cercle continental et le cercle insulaire.

Le pont qui relie la berge à l'île d'Orléans est « élégant et harmonieux » (45) ; curieusement, quand le Chauffeur s'ennuie à Baie-Trinité, il téléphone à sa sœur Julie pour lui demander si… elle voit toujours le pont de sa fenêtre ! « Il est toujours aussi beau et élégant » (110), lui répond-elle. Et surtout, il faut le noter, le fin mot du roman, celui qui clôt l'engagement amoureux dans le mélange d'ombre et de lumière, c'est le pont : « Toute la lumière se réfugia sur le fleuve et, avant de disparaître, elle s'attarda à caresser la fine structure du pont » (207). Si l'espace dominant de *La Tournée d'automne* a été celui du mouvement, il est cependant impossible de concevoir l'espace amoureux, celui de l'union homme-femme, sans maintenant y associer l'île et le pont.

Espace continental	**Espace insulaire**
Mouvement	Immobilité
Homme	Femme

= Pont =

Ainsi, cet homme qui, dans *Mon cheval pour un royaume*, se plaignait d'avoir le rêve vertical ; ce même homme qui habitait le haut du chalet, dans *Jimmy*, ou encore celui qui résidait dans la Maison du Nord, à l'île Madame ; enfin, cet homme qui n'a su voyager que selon un seul axe dans *Volkswagen blues* ; bref, celui qui n'avait jusqu'à présent connu que le point fixe ou la ligne droite, fait place à l'homme nouveau, voyageur circulaire, non pas conquérant, mot trop agressif pour Jacques Poulin, mais créateur d'un nouveau continent intérieur, d'un espace ontologique qui atteint, après tant et tant d'efforts, l'état amoureux. La marche à l'amour a désormais créé son paysage d'accueil.

Notes

1. Jacques Allard, *Le Devoir* (13 novembre 1993), p. D-5. Ce titre fait par ailleurs écho à Hemingway, en exergue à *La Tournée d'automne* : « Dieu soit remercié pour les livres. Tous les livres. »

2. Réginald Martel, « Une embardée du coeur sauve la vie d'un chauffeur de bibliobus », *La Presse* (11 novembre 1993), p. B-7.

3. Anne-Marie Voisard, « Même si vous n'aimez pas les chats, vous aimerez *La Tournée d'automne* », *Le Soleil* (6 décembre 1993), p. B-6.

4. Jean Chevalier et Alain Gheerbrant, *Dictionnaire des symboles*, p. 125.

5. *Ibid.*, p. 536.

6. *Ibid.*, p. 487.

7. *Ibid.*, p. 488.

CONCLUSION

PROFIL D'UNE ŒUVRE

Qui est l'écrivain le plus étudié au Québec ?

Non, il ne s'agit pas de Jacques Poulin ; d'autres comme Anne Hébert, Jacques Godbout, Michel Tremblay ont jusqu'à présent davantage attiré l'attention de la critique[1]. On peut dès lors se demander si l'opinion émise par Gilles Marcotte, en 1979, n'a pas gardé toute son actualité : « Parmi les écrivains qui comptent, dans le Québec d'aujourd'hui, Jacques Poulin est probablement celui sur lequel on a écrit le moins d'articles, d'études, de thèses[2]. » En fait, la situation a tout de même considérablement changé depuis ce temps : des revues telles *Études littéraires*, *Voix et images*, *Lettres québécoises*, ont consacré des dossiers à Poulin. De plus, Anne Marie Miraglia et Paul Socken, entre autres, ont écrit des livres sur son œuvre. Plus récemment encore, Jacques Allard notait que, à l'occasion d'un colloque de l'Association des jeunes chercheurs européens en littérature québécoise, les écrivains les plus étudiés dans la liste des sujets de thèse des membres étaient Anne Hébert (5), Michel Tremblay (4), et Jacques Poulin (3)[3].

L'œuvre ne doit cependant pas sa popularité établie et par ailleurs croissante aux efforts de son auteur ! On sait combien Jacques Poulin n'est pas ce que l'on appelle de nos jours un personnage médiatique, mal à l'aise dans les entrevues et dans les discussions ; il y a fort à parier que sa photo ne circulera pas sur l'Internet, l'auteur n'aimant pas particulièrement s'exposer en public. Voilà donc un apport littéraire qui, après plus d'un quart de siècle et huit romans, se sera imposé avant tout par sa valeur propre. Je n'examinerai pas ici la notion de *valeur*, selon qu'elle se dégage d'un jugement social porté par des relais institutionnels ou qu'elle résulte d'une sorte de mérite intrinsèque aux textes. J'imagine qu'il faut les deux, des conditions et une essence et que l'un ne va pas sans l'autre. Mais au-delà de toute analyse institutionnelle, qui n'est d'ailleurs pas le propos de la présente étude, il demeure que ces romans, par l'unité qui les caractérise, forment une *œuvre*.

Le mot d'*œuvre* semble banal ; pourtant, ce fait n'est pas pour autant commun. Car chez Poulin, chaque roman contribue à un parcours spiralé qui repasse par un certain nombre de thèmes, de personnages, de structures narratives, dont le degré de familiarité va ainsi croissant et, surtout, édifie patiemment l'édifice littéraire. Il se produit d'un texte à l'autre un mûrissement, sur lequel je reviendrai plus loin.

C'est pourquoi les récurrences, que la critique a relevées à l'envi en ce qui a trait aux personnages surtout, dépasse amplement ce cadre pour toucher, il faut bien le comprendre, l'essence même de cette œuvre. Les reprises participent d'un mouvement général de reconnaissance, bien sûr, mais aussi d'approfondissement ; elles ne sont dès lors pas simplement un procédé littéraire ou une fin en soi, mais un moyen qui contribue à établir des liens, de *Mon cheval pour un royaume* à *La Tournée d'automne*. Récurrences et cohérence apparaissent ici inséparables.

La création d'un espace amoureux : tel a été, donc, la ligne directrice qui a été posée dans cette étude comme cadre de compréhension accueillant ensuite d'autres éléments des œuvres. Or, parmi ces éléments sur lesquels il importe de réfléchir en conclusion, il y a, bien sûr, la notion même d'espace comme axe structurant ; mais avant s'impose le personnage essentiel à l'espace amoureux, la femme. Femme et espace permettent ici de tracer le profil de l'œuvre tout entière.

Les trois femmes…

Mon but ici n'est donc pas de faire un retour sur les éléments récurrents, mais de dégager les lignes de force qui caractérisent les huit romans. Or, chacun de ceux-ci pourrait porter en sous-titre *Comment trouver le bonheur*, ce que Jean-Pierre Lapointe n'a pas manqué de relever, notant que cette quête du bonheur semblait résider dans la capacité de l'individu de s'harmoniser avec son milieu et, en définitive, d'aimer. En fait, chaque roman offre un scénario semblable, en ce sens que l'histoire s'ouvre sur un manque, pour ensuite trouver une réponse éphémère dans une quête de la femme ou avec celle-ci :

> Chaque roman […] est traversé par un personnage qui semble plus doué, instinctivement, pour le bonheur. Ce sont des êtres rares, des femmes exclusivement, qui réunissent confiance en soi, connaissance de soi, chaleur et générosité, mais qui restent farouchement libres et indépendantes : Charlie, Limoilou, Marie, Pitsémine[4].

C'est ainsi qu'un schème narratif identique gouverne chacun des romans : disjonction / conjonction / disjonction. La disjonction initiale est le fait de l'homme qui éprouve un malaise, voire un mal d'être. Pierre Delisle est mal avec sa carapace, Jimmy appelle la tendresse, Noël est à la recherche de son pôle intérieur, Amadou cherche le sens du travail, Teddy s'ennuie seul dans l'île, Jack a le sentiment que tout s'écroule et, enfin, Jim n'arrive pas à écrire et veut à tout prix voir Marika. Se produit ensuite une conjonction durant laquelle la femme joue un rôle important, apportant tendresse, réflexion, compréhension ; inutile de revenir sur Nathalie, Charlie, Pitsémine, Marie et les autres, on connaît bien leur rôle. Puis c'est la disjonction qu'a évoquée Lapointe, représentée le plus souvent par le départ de la femme. Cependant, cela se passait avant *La Tournée d'automne*, qui se distingue des sept romans précédents. Là, le Chauffeur ne cherchait rien ; pis encore, il s'était laissé envahir par le désespoir, nourrissant le projet de se suicider ; or voilà aussi le seul cas où la conjonction non seulement se maintient mais s'affermit avec la fin de l'histoire. *La Tournée d'automne* se distingue radicalement des romans qui l'ont précédé, annoncé, pourrait-on même dire.

J'ose dire *annoncé* comme s'il y avait eu une intentionnalité ou à tout le moins une finalité dans l'ensemble de l'œuvre. L'idée n'est pas totalement saugrenue. Ainsi, concernant l'image de la femme dans son œuvre et plus particulièrement le fait que les femmes y sont des femmes-enfants ou des mères, plutôt que des maîtresses ou des amantes, Poulin répond : « [...] je n'ai pas encore écrit tout ce que je veux écrire. [...] Il faut donner aux choses le temps de mûrir[5]. » L'année suivante, encore à l'occasion d'une entrevue, l'auteur reprend la même question et l'aborde de fait comme s'il cherchait une manière de dire le personnage féminin :

> Mes pauvres personnages féminins, je les ai beaucoup maltraités dans mes romans : ce sont toujours des mères-poules ou des filles douces. En ce moment, j'essaie de faire une fille « normale », tu sais sportive et très autonome. J'ai des difficultés, de temps en temps elle devient mère-poule. Je vais corriger ça[6].

La Marika du *Vieux Chagrin* sera en effet autonome, mais aussi inaccessible ; son autonomie est au demeurant amoindrie par le sentiment que Jim cherchait aussi un double de lui-même. Poulin aura « corrigé ça » dans *La Tournée d'automne*, c'est désormais chose acquise, en campant une Marie qui est sujet pour elle-même, et non quelque avatar de la représentation masculine.

Il n'y a pas de doute que les douze personnages féminins[7] présents dans l'œuvre de Jacques Poulin se ramènent à trois types, correspondant aux trois grands temps dans l'œuvre poulinienne. Rappelons d'abord ces trois temps.

Tout d'abord, bien que j'aie traité *Mon cheval pour un royaume* séparément dans le chapitre intitulé « La source », j'estime que ce roman fait néanmoins partie du premier groupe de quatre œuvres, jusqu'à *Faites de beaux rêves*, donc. Ce premier groupe présente l'image d'une femme fuyante, n'établissant pratiquement aucun lien avec l'homme ; je ne reviendrai pas sur cette évidence. Tout autre est le deuxième groupe, car, dans *Les Grandes Marées* et *Volkswagen blues*, la femme se lie beaucoup plus à l'homme, bien qu'elle le quitte à la fin. Quant au troisième groupe, il offre une femme beaucoup plus présente, dans la mesure où, en ce qui concerne *Le Vieux Chagrin*, malgré un lien amoureux non réalisé, Jim connaît l'état amoureux qu'il cherche et qui lui permet d'écrire et, pour ce qui est de *La Tournée d'automne*, ce lien amoureux se réalise pleinement. Trois types de femmes, donc, et trois mouvements :

Romans 1-4	**Romans 5-6**	**Romans 7-8**
Femme fuyante	*Femme présente/absente*	*Femme présente*

Cette saisie de l'œuvre selon ce triptyque correspond, puisqu'il était question du bonheur un peu plus haut, à trois états dans la recherche de celui-ci, les deux premiers étant affectés d'un signe négatif, et le dernier d'un signe positif :

Individu –	Collectivité –	Couple +

En effet, les quêtes individuelles de Pierre, Jimmy, Noël et Amadou débouchent sur la violence, dans *Mon cheval pour un royaume* et *Le Cœur de la baleine bleue*, et l'errance dans *Jimmy* et *Faites de beaux rêves*. Cela était aussi apparent dans quelques œuvres antérieures, mais *Les Grandes Marées* et *Volkswagen blues* proclament que « le bonheur collectif est irréalisable[8]. »

Ce qui est bien évidemment en cause ici est moins la femme que l'homme dans le rapport qu'il entretient avec celle-ci ; en d'autres mots, ces mutations du personnage renvoient tout autant, voire davantage, à l'attitude de l'homme vis-à-vis de la femme. Mais je laisserai à d'autres le soins de réfléchir sur le fait d'« être homme » dans l'œuvre de Poulin. Le moment est venu de greffer à cet « être femme » la dimension esthétique de l'œuvre, c'est-à-dire la manière dont l'espace inscrit, écrit cette recherche du bonheur et de la femme.

… et les trois espaces

De prime abord, si l'on en croit l'auteur, la dimension spatiale serait peu importante dans son œuvre : « […] la particularité de mes romans, c'est la qualité des rapports entre les gens. J'essaie toujours de traduire une grande chaleur entre les différents personnages. C'est plutôt la dimension humaine que spatiale qui m'intéresse[9]… » Une telle remarque suffirait, semble-t-il, à écarter toute tentative de réunir sous l'étiquette spatiale l'œuvre de l'auteur ! Pourtant, il est curieux que Poulin lui-même, en mettant l'accent sur les rapports entre les personnages, les oppose pour ainsi dire à l'espace. Pourquoi pas au temps ou à une autre dimension de l'univers narratif ? Tout se passe comme si, par dénégation, l'espace se trouvait comme renforcé dans son importance. Plus encore, l'auteur, cinq ans plus tard, dit en entrevue : « Au fil des années, on est porté, en écrivant, à se forger un petit univers et à creuser tout autour[10]. » Cet univers n'est pas constitué seulement de personnages, mais aussi d'un espace où s'inscrivent leurs relations, un paysage dont Noël, dans *Le Cœur de la baleine bleue*, déplore l'aspect inachevé : « Je n'apercevais pas encore l'ensemble du paysage […] » (42).

Dans un important ouvrage sur le sujet, Denis Bertrand décrit là où doit porter l'étude de l'espace : il faut parler « de figurativité du discours plutôt que de représentation de la réalité[11]. »

Qu'est-ce à dire ? Simplement que l'espace n'est pas qu'un agglomérat de lieux qui donne un ancrage dans la réalité, une illusion de réel, mais une construction, une textualisation des lieux. Il importe donc de bien distinguer, à cette fin, entre lieux et espace, comme si les lieux étaient *donnés* et comme si l'espace était *construit*.

Cette étude gouvernée entre autres par l'espace dans l'œuvre de Poulin ne nous a pas appris autre chose. Je me suis efforcé, d'un roman à l'autre, d'intégrer les lieux dans un espace doué d'une parole propre pour dire la signification du texte, des textes. Plus encore, cette parole est fondamentale pour porter ce que Jacques Poulin concevait de si important dans son œuvre, les rapports entre les personnages. Or, il est possible de dégager trois états de l'espace, correspondant par ailleurs aux trois types féminins dégagés précédemment.

Dans les quatre premiers romans s'articulent des espaces qui, sans envelopper l'ensemble du texte, disent à leur manière des rapports humains fondamentaux. De *Mon cheval pour un royaume* à *Faites de beaux rêves*, des séquences particulières dans le texte, comme autant d'enclaves signifiantes, évoquent une manière d'être figurée dans et par l'espace. Je rappellerai, parmi toutes les séquences qui ont été évoquées et, donc, à titre d'exemples, la promenade, dans la mer des Sargasses, de Jimmy et de Mary. Cette séquence, onirique, étale un espace idéal associant Nord et Sud, harmonie, langage mesuré, etc. Dans cette séquence et dans toutes celles qui s'articulent en pôles Haut / Bas ou Nord / Sud, se déploie pleinement une manière de vivre équilibrée. De telles séquences, qui ont une portée ontologique, vivent cependant le temps de leur insertion textuelle, comme de brèves lumières qui s'éteignent avec le retour au récit de base. La *représentation de l'espace* marque ce premier groupe de romans.

Tout autre est la manière de saisir l'espace dans les deux romans suivants, c'est-à-dire *Les Grandes Marées* et *Volkswagen blues*. Là un changement radical s'accomplit, qu'il ne faut pas manquer de voir. En effet, l'espace, dans ces deux romans, englobe tout le récit ; dans *Les Grandes Marées*, la structure de l'île enserre tous les autres éléments du récit, et il en va de même pour le déplacement de Jack, dans *Volkswagen blues.* Toutefois, ainsi qu'on l'a vu, cet espace englobant se termine sur des disjonctions. Ce deuxième groupe d'œuvres fait en sorte que l'on passe de la *représentation de l'espace* à l'*espace de la représentation*, en ce sens que l'espace s'est imposé comme encadrement de toutes les autres données représentées.

Les deux derniers romans inventent un nouvel espace. Dans *Le Vieux Chagrin*, les personnages se déplacent peu, mais l'effort de Jim, pour *voir* Marika, prépare *La Tournée d'automne.* En effet, il s'agit d'un stade préparatoire, d'une sorte de propédeutique où, avant de parvenir, comme le souhaitait Noël, à « voir le paysage », il s'agissait de « voir la femme », essentielle à la constitution de ce paysage. Voilà pourquoi, la femme ayant été *vue* et Jim ayant éprouvé l'état amoureux, le roman suivant, *La Tournée d'automne*, allie la conquête du *Vieux Chagrin* à la sienne propre. Car le grand accomplissement de *La Tournée d'automne* est justement, après que la femme a été vue, de porter cette vision de la femme dans un espace amoureux total : le voyage du Nord au Sud, le cercle, la totalité. Lettre de l'alphabet dans les premières œuvres, l'espace est maintenant devenu langage littéraire, esthétique de l'amour. Cette troisième étape a créé l'*espace amoureux.*

Lié aux structures précédentes, l'espace permet de renforcer cette saisie de l'œuvre de Poulin :

Romans 1-4	**Romans 5-6**	**Romans 7-8**
Femme fuyante	*Femme présente/absente*	*Femme présente*
Individu	*Collectivité*	*Couple*
Représentation de l'espace	*Espace de la représentation*	*Espace amoureux*

C'est Einstein qui, à propos de ses théories, disait ne pas savoir si elles étaient vraies, mais que, en tout cas, elles lui paraissaient justes. Arrêtant là toute comparaison avec Einstein, je dirai simplement que je crois, également, que cette manière de saisir l'œuvre de Poulin est juste. Certes, plusieurs autres lectures eussent pu faire comprendre ces romans ; mais *comprendre* veut dire prendre avec soi, et c'est sur cette ligne souvent ténue que j'ai essayé de me tenir tout au long de cette étude, c'est-à-dire faire connaître une œuvre pour ce qu'elle est et ce qu'elle signifie pour l'auteur de cette petite étude. La création d'un espace, d'un paysage amoureux m'a semblé une voie appropriée pour rendre compte de cette œuvre où, paradoxalement, les personnages s'aiment… sans jamais se le dire.

Notes

1. Cela étant dit en prenant pour indicateur l'*Index-Thesaurus* de la revue *Voix et images*, qui répertorie tous les auteurs étudiés de 1967 à 1992.

2. Gilles Marcotte, *Le Devoir* (12 mai 1979), p. 23.

3. Dans Jacques Allard, « La lecture européenne », *Voix et images*, 64 (automne 1996), p. 168.

4. Jean-Pierre Lapointe, « Sur la piste américaine : le statut des références littéraires dans l'œuvre de Jacques Poulin », *Voix et images*, 43 (automne 1989), p. 18.

5. Gilles Dorion et Cécile Dubé, « Jacques Poulin [entrevue] », *Québec français*, 34 (mai 1979), p. 34.

6. Michèle Roy, « Jacques Poulin », *Pantoute*, 3 (septembre-octobre-novembre 1980), p. 23.

7. En fait, les personnages féminins sont plus nombreux encore, mais les plus importants sont Nathalie, Mary, Mamie, Élise, Charlie, Limoilou, Marie, Pitsémine, Marika, la Petite, Bungalow et, enfin, Marie, selon leur ordre d'apparition dans les romans.

8. Jean-Pierre Lapointe, « Sur la piste américaine : le statut des références littéraires dans l'œuvre de Jacques Poulin », p. 17.

9. Madeleine Bellemare, « Le livre du mois [entrevue] », *Nos livres*, 15, 5774-5823 (juin-juillet 1984), p. 5.

10. François Ouellet, « Jacques Poulin », *Nuit blanche*, 45 (septembre-novembre 1991), p. 42.

11. Denis Bertrand, *L'Espace et le sens.* Germinal *d'Émile Zola*, Paris/Amsterdam, Hadès/Benjamin, 1985, p. 16.

BIBLIOGRAPHIE

1. Œuvres de Jacques Poulin

Mon cheval pour un royaume, Montréal, Éditions du Jour, 1967, 130 p.

Jimmy, Montréal, Éditions du Jour, 1969, 158 p.

Le Cœur de la baleine bleue, Montréal, Éditions du Jour, 1979 [1971], 201 p.

Faites de beaux rêves, Montréal, L'Actuelle, 1974, 163 p.

Les Grandes Marées, Montréal, Leméac, 1978, 201 p.

Volkswagen blues, Montréal, Québec / Amérique, 1984, 290 p.

Le Vieux Chagrin, Montréal / Arles, Leméac / Actes Sud, 158 p.

La Tournée d'automne, Montréal, Leméac, 1993, 209 p.

2. Études sur Jacques Poulin

Livres

MIRAGLIA, Anne Marie, *L'Écriture de l'Autre chez Jacques Poulin*, Montréal, Les Éditions Balzac, coll. « L'Univers des discours », 1993, 243 p.

PETRELLI BAYLE, Françoise, *Pour une lecture de…* Le Vieux Chagrin *de Jacques Poulin*, s.l., Edizioni Grafica del Parteolla, 1993, 120 p.

SOCKEN, Paul G., *The Myth of the Lost Paradise in the Novels of Jacques Poulin*, Londres et Toronto, Associated University Presses, 1993, 126 p.

Articles

ANONYME, « *Le Cœur de la baleine bleue* », *Le Livre canadien*, 2, 85 (1971), s.p.

ANONYME, « *Le Cœur de la baleine bleue* », *L'Église canadienne*, 5, 9 (décembre 1972), p. 308.

ANONYME, « *Faites de beaux rêves* », *Le Livre canadien*, 20, 320 (novembre 1974), s.p.

ANONYME, « Les prix du Gouverneur général 1979 », *Lettres québécoises*, 14, (avril-mai 1979), p. 57.

ANONYME, « *Volkswagen blues* de Jacques Poulin », *Le Livre d'ici*, 9, 9 (mai 1984), p. 32.

ABLEY, Mark, « Seeking the Keys to the Mysteries », *Maclean's*, 92, 34 (20 août 1979), p. 38-39.

ABLEY, Mark, « Trouble in Paradise », *Maclean's*, 99, 35 (1er septembre 1986), p. 56.

ACKERMAN, Marianne, « The French Connection », *Maclean's*, 101, 21 (16 mai 1988), p. 53.

ALLARD, Jacques, « Dieu soit remercié pour les romans de Poulin », *Le Devoir* (13 novembre 1993), p. D-5.

ALLARD, Jacques, « La lecture europpéenne », *Voix et images*, 64 (automne 1996), p. 167-169.

BEAULIEU, Ivanhoé, « Sans craindre le rejet », *Le Soleil*, (30 janvier 1971), p. 46.

BEAULIEU, Ivanhoé, « Le deuxième numéro de *Nord* et Jacques Poulin », *Le Soleil* (17 mars 1972), p. 58.

BEAULIEU, Ivanhoé, « Petit collage (intime et fictif) au sujet d'un écrivain de Québec-la-ville où il est question de Guy Lafleur », *Nord*, 2, (hiver 1972), p. 71-72.

BEAULIEU, Nicole, « L'écrivain dans l'ombre », *L'Actualité*, 10, 4 (avril 1985), p. 73-78.

BELLEMARE, Madeleine, « Le livre du mois: *Volkswagen blues* », *Nos livres*, XV, 5774-5823 (juin-juillet 1984), p. 4-5.

BERNARD, Gilbert, « Une chronique comme un palmarès: *Volkswagen blues* », *Inter*, 25 (automne 1984), p. 52.

BILLY, Hélène de, « *Volkswagen blues* : Une Amérique panoramique sur la pointe des pieds », *Le Devoir* (19 mai 1984), p. 25, 33.

BILODEAU, Line, « *Mon cheval pour un royaume* », dans *Dictionnaire des œuvres littéraires du Québec, IV : 1960-1969* », Montréal, Fides (1984), p. 585-587.

BOIVIN, Aurélien, «*Volkswagen blues* ou la recherche d'identité», dans *Pour une lecture du roman québécois. De* Maria Chapdelaine *à* Volkswagen blues, Québec, Nuit Blanche éditeur, 1996, p. 345-360.

BOIVIN, Jean-Roch, « Entre le grenier et la cave, il y a les chats », *Le Devoir* (25 novembre 1989), p. B-7.

BONSIGNORE, Giacomo, « Jacques Poulin: une conception de l'écriture », *Études françaises*, 21, 3 (hiver 1985-1986), p. 19-26.

BOSCO, Monique, « Un menteur infiniment poétique », *Le Magazine Maclean*, 9, 5 (mai 1979), p. 70.

BOURNEUF, Roland, « *Faites de beaux rêves* », *Livres et auteurs québécois* (1974), p. 51-53.

BOURQUE, Paul-André, « La fascination de l'enfance, de la tendresse et de la mort chez Jacques Poulin ou la recherche de l'androgyne absolue », *Nord*, 2 (Hiver 1972), p. 74-93.

BOURQUE, Paul-André, « L'art de communiquer l'incommunicabilité », *Québec français*, 34 (mai 1979), p. 38-40.

BOURQUE, Paul-André, «Actualité de Jacques Poulin », *Lettres québécoises*, 83 (automne 1996), p. 8-10.

CARRIER, Roch, « Jacques Poulin, Toronto-Montréal », *Nord*, 2 (hiver 1972), p. 73.

CHASSAY, Jean-François, « Un écrivain américain », *Spirale*, 45 (septembre 1984), p. 8.

CHOQUETTE, Sylvie, « L'archétype du temps circulaire chez Ernest Hemingway et Jacques Poulin », *Études littéraires*, 8, 1 (avril 1975), p. 43-55.

CLOUTIER, Rachel, GIGNAC, Rodrigue, NADEAU, Vincent, PLAMONDON, Richard, «Entrevue avec Jacques Poulin », *Nord*, 2 (hiver 1972), p. 9-29.

COSSETTE, Gilles, « *Jimmy* », *Livres et auteurs québécois* (1969), p. 12-13.

DAVIES, Gillian, « The Jimmy Trilogy », *The Fiddlehead*, 129 (printemps 1981), p. 128-129.

DÉCARIE, Nicole, « Jacques Poulin: *Volkswagen Blues* », *Moebius*, 22 (été 1984), p. 100-101.

DEMERS, Jeanne, « *Le Cœur de la baleine bleue* », *Livres et auteurs québécois* (1970), p. 70-71.

DEMERS, Jeanne, « Besoin de tendresse, over ou Jacques Poulin conteur », *Études françaises*, 12, 3 (hiver 1985-1986), p. 27-35.

DESROSIERS, Jacques, « Hertel pour un cheval », L'*Écho du Nord* (17 janvier 1968), p. 55.

DORION, Gilles, « La littérature québécoise contemporaine », *Études françaises*, 3, 4 (octobre 1977), p. 329-331.

DORION, Gilles, « *Les Grandes Marées* », *Québec français*, 31 (octobre 1978), p. 6.

DORION, Gilles, « *Volkswagen blues* », *Québec français*, 55 (octobre 1984), p. 8.

DORION, Gilles, « *Jimmy* », dans *Dictionnaire des œuvres littéraires du Québec. T. IV : 1960-1969* », Montréal, Fides (1984), p. 469-471.

DORION, Gilles, DUBÉ, Cécile, « Entrevue. Jacques Poulin », *Québec français*, 34 (mai 1979), p. 33-35.

DUBÉ, Cécile, « Pistes de lecture », *Québec français*, 34 (mai 1979), p. 36-37.

ÉTHIER-BLAIS, Jean, « Deux jeunes: le rose et le noir », *Le Devoir*, (30 juin 1967), p. 15.

ÉTHIER-BLAIS, Jean, « Le cœur (emprunté) de la baleine bleue », *Le Devoir* (23 janvier 1971), p. 11.

FILION, Pierre, « La marche des mots Propos-contacts », *Études françaises*, 21, 3 (hiver 1985-1986), p. 97-102.

FISCHMAN, Sheila, « *Teddy Bear*, translator », *The Montreal Star* (1er avril 1978), p. D-3.

FRASER, Graham, « French Explorers Revisited », *The Globe and Mail* (18 août 1984), p. E-13.

FRENCH, William, « Quebec Changes », *The Globe and Mail* (26 juillet 1986), p. D-15.

FRENCH, William, « Quebec Novel Takes a Journey in a Dream Machine », *The Globe and Mail* (14 avril 1988), p. C-1.

GALLAYS, François, «*Faites de beaux rêves* », dans *Dictionnaire des œuvres littéraires du Québec*, T. V, 1970-1975, *Montréal*, Fides, 1987, p. 332-333.

GARNEAU, Jacques, « *Le Cœur de la baleine bleue* ou le labyrinthe intérieur», *Nord*, 2 (hiver 1972), p. 59-68.

GARNEAU, Jacques, « *Le Cœur de la baleine bleue* », dans *Dictionnaire des œuvres littéraires du Québec*, T. V, 1970-1975, Montréal, Fides, 1987, p. 161-162.

GAUVIN, Lise, « Une voix discrète », *Le Devoir* (29 avril 1978), p. 33.

GAUVIN, Lise, « De la légende à l'histoire et à l'histoire de soi », *Letters in Canada, University of Toronto Quarterly*, XLVIII, 4 (été 1979), p. 331.

GAY, Paul, « *Jimmy* », *Le Droit* (19 juillet 1969), p. 7.

GODBOUT, Jacques, « L'école de la tendresse », *L'Actualité*, 3, 8 (août 1978), p. 55.

GODIN, Jean-Cléo, « Entre la pierre et l'extase », *Nord*, 2 (hiver 1972), p. 38-47.

GOLDIE, Terry, « Trans Continental », *Books in Canada*, 17, 6 (août-septembre 1988), p. 29.

GRADY, Wayne, « Accent on the Soul », *Books in Canada*, 9, 1 (janvier 1980), p. 14-15.

HANDFIELD, Micheline, « *Le Cœur de la baleine bleue* : l'histoire d'une enfance inaccessible », *Québec-Presse*, (17 janvier 1971), p. B-18.

HÉBERT, François, « Le noir et blanc, le bleu et le rouge », *Études françaises*, 11, 2 (mai 1975), p. 117-118.

HÉBERT, François, « Deux maîtres livres, issus de l'humour du cœur », *Le Devoir* (12 mai 1984), p. 25.

HÉBERT, Pierre, « Romans », *University of Toronto Quarterly*, LIV, 4 (été 1985), p. 346-347.

HÉBERT, Pierre, « Jacques Poulin : de la représentation de l'espace à l'espace de la représentation », *Études françaises*, 21, 3 (hiver 1985-1986), p. 37-53.

HOMEL, David, « Drifting off », *Essays on Canadian Writing*, 36 (printemps 1988), p. 87-89.

JANELLE, Claude, « Des enfants perdus dans le grand monde », *Le Jour* (24 août 1974), p. 12.

JARMAN, Mark Anthony, « *Volkswagen blues* », *Malahat Review*, 88 (été 1988), p. 187-188.

JARQUE, Alexandra, « Sur les traces de la lectrice dans *Le Vieux Chagrin* de Jacques Poulin », *Quebec Studies*, 18 (printemps-été 1994), p. 137-148.

LACHANCE, Maurice, « Une (ou deux) voix dans l'orchestre », *Études françaises*, 12, 3 (hiver 1985-1986), p. 55-65.

LAPOINTE, Jean-Pierre, « Sur la piste américaine: le statut des références littéraires dans l'œuvre de Jacques Poulin », *Voix et images*, XV, 1 (automne 1989), p. 15-27.

LAPOINTE, Jean-Pierre, THOMAS, Yves, « Entretien avec Jacques Poulin », *Voix et images*, XV, 1 (automne 1989), p. 8-14.

LAPOINTE, Jean-Pierre, LEVASSEUR, Jean, « Bibliographie de Jacques Poulin », *Voix et images*, XV, 1 (automne 1989), p. 58-64.

LAPOINTE, Jean-Pierre, « Présentation », *Voix et images*, XV, 1 (automne 1989), p. 6-7.

LEITH, Linda, « The Jimmy Trilogy », *Canadian Forum*, LX, 700 (juin-juillet 1980), p. 34-35.

LEMELIN, Jean-Marc, « Quatre pistes de lecture de *Volkswagen blues* », *Moebius*, 57 (automne 1993), p. 101-116.

LEROUX, Odette, « *Mon cheval pour un royaume* », *Livres et auteurs québécois* (1967), p. 58.

L'HÉRAULT, Pierre, « *Volkswagen blues* : traverser les identités», *Voix et images*, XV, 1 (automne 1989), p. 28-42.

LINTVELT, Jaap, « La dualité identitaire dans l'œuvre de Jacques Poulin », *Rapports — Het Franse Boek (RHFB)*, 66, 1-2 (1996), p. 23-40.

LOCKQUELL, Clément, « Deux peintures de la stérilité », *Le Soleil* (8 juillet 1967), p. 25.

MAILHOT, Laurent, « Présentation », *Études françaises*, 21, 3 (hiver 1985-1986), p. 3-5.

MAJOR, André, « *Mon cheval pour un royaume* », *Le Devoir* (8 juin 1967), p. 6.

MAJOR, André, « Entrevues: un poète et un romancier », *Le Devoir* (1er mars 1969), p. 15.

MAJOR, André, « À la recherche de la bonne tendresse », *Le Devoir* (22 mars 1969), p. 15.

MARCOTTE, Gilles, « Lisez Jacques Poulin, faites de beaux rêves ! », *Le Devoir* (12 mai 1979), p. 23.

MARCOTTE, Gilles, « *Jimmy* », *Études françaises*, V, 2 (mai 1979), p. 236-237.

MARCOTTE, Gilles, « L'ambitieuse Volkswagen », *L'Actualité*, 9, 8 (août 1984), p. 79.

MARCOTTE, Gilles, « Histoires de zouaves », *Études françaises*, 21, 3 (hiver 1985-1986), p. 7-17.

MARTEL, Réginald, « C'est d'enfance qu'il s'agit », *La Presse* (8 mars 1969), p. 23.

MARTEL, Réginald, « Le voyage au pôle nord », *La Presse* (23 janvier 1971), p. D-3.

MARTEL, Réginald, « Salut, Frère Jacques ! », *Nord*, 2 (hiver 1972), p. 69-70.

MARTEL, Réginald, « Du bon usage de la tendresse », *La Presse* (22 juin 1974), p. C-3.

MARTEL, Réginald, « Un très beau livre ouvert », *La Presse* (13 mai 1978), p. D-3.

MARTEL, Réginald, « Jacques Poulin et Marie-Claire Blais, l'Amérique entre rêve et violence », *La Presse* (12 mai 1984), p. D-3.

MARTEL, Réginald, « Jacques Poulin et *Le Vieux Chagrin* : la nouvelle version du chef-d'œuvre », *La Presse*, 18 novembre 1989, p. K-3.

MARTEL, Réginald, « Une embardée sauve la vie à un chauffeur de bibliobus », *La Presse* (11 novembre 1993), p. B-7.

MARTEL, Réginald, « Entretien avec Jacques Poulin », *La Presse* (12 juin 1994), p. B-1.

MELANÇON, Benoît, « Roman américain », *Canadian Literature*, 103 (hiver 1984), p. 111-113.

MERIVALE, Patricia, « Potpourri », *Canadian Literature*, 88 (printemps 1981), p. 127-133.

MEZEI, Kathy, « The Jimmy Trilogy », *Queen's Quarterly*, 87, 1 (printemps 1980), p. 518-519.

MICHAUD, Ginette, « Récits postmodernes ? », *Études françaises*, 21, 3 (hiver 1985-1986), p. 67-88.

MICHON, Jacques, « Heureux qui comme Ulysse... », *Voix et images*, XI, 1 (automne 1985), p. 135-139.

MILOT, Louise, « Quand les "beaux rêves" tournent au "blues" », *Lettres québécoises*, 35 (automne 1984), p. 15-17.

MILOT, Louise, ROY, Fernand, «Des *Mille et Une Nuits* au *Vieux Chagrin*», dans *Le Roman québécois depuis 1960 : méthodes et analyses*, Sainte-Foy, Les Presses de l'Université Laval, 1992, p. 119-132.

MIRAGLIA, Anne Marie, « Lecture, écriture et intertextualité dans *Volkswagen blues* », *Voix et images*, XV, 1 (automne 1989), p. 51-57.

MORENCY, Pierre, « Le plus grand menteur de la ville de Québec ou lettres à Jacques Poulin », *Nord*, 2 (hiver 1972), p. 48-58.

MRC, « Les prix de La Presse à Hubert Aquin et Jacques Poulin », *Le Soleil* (25 octobre 1974), p. C-5.

NACHTSHEIM, M. H., « *Spring Tides* », *Choice*, 24, 6 (février 1987), p. 889.

NOLIN, Jacques, « *Les Grandes Marées* », *Nos livres*, 9 (juin-juillet 1978), n° 250.

O'CONNOR, John J., « Translation », *University of Toronto Quarterly*, XLIX, 4 (été 1980), p. 384-385.

OUELLET, François, « Jacques Poulin. Entrevue », *Nuit Blanche*, 45 (septembre-novembre 1991), p. 40-43.

OUELLETTE, Gabriel-Pierre, « *Les Grandes Marées* », *Livres et auteurs québécois* (1978), p. 71-74.

OUELLETTE-MICHALSKA, Madeleine, « Entre les lignes, les deux solitudes », *Châtelaine*, 19, 8 (août 1978), p. 16.

PAGÉ, Raymond, « Fifth Annual Survey », *The Chelsea Journal*, 5, 5 (septembre-octobre 1979), p. 232-234.

PELLETIER, Jacques, « Une année de consolidation », *Livres et auteurs québécois* (1974), p. 17.

PHILPOTTS, Jane, « Quiet Reading of Jacques Poulin Trilogy Leaves Pleasant Taste », *Calgary Herald* (29 décembre 1979), p. C-10.

POISSON, Roch, « La vie littéraire », *Photo-Journal*, 31, 9 (semaine du 14 au 21 juin 1967), p. 65.

POISSON, Roch, « Bloc-Notes », *Photo-Journal*, 31, 10 (semaine du 21 au 28 juin 1967), 68.

PONTAUT, Alain, « Mon étalon pour une calèche », *La Presse*, (1er juillet 1967), p. 21.

PONTAUT, Alain, « Un bilan provisoire pour le creux de l'été », *La Presse* (19 août 1967), p. 21.

POULIN, Gabrielle, « Un roman piégé », *Relations*, 371 (mai 1972), p. 154-155.

POULIN, Gabrielle, « *Les Grandes Marées* ou la Genèse en... bandes dessinées », *Relations*, 38, 437 (mai 1978), p. 154-156.

POULIN, Jacques, « Inédit », *Nord*, 2 (hiver 1972), p. 30-37.

POULIN, Jacques, « Le journal de la Grande Sauterelle », *Études françaises*, 21, 3 (hiver 1985-1986), p. 103-106.

POULIN, Jacques, « Un coup de fil de Jack, autoportrait », *Lettres québécoises*, 83 (automne 1996), p. 7.

QUIGLEY, Theresia, « A Crowded Eden », *The Fiddlehead*, 153 (automne 1987), p. 102-103.

RASPORICH, Beverly, « The Jimmy Trilogy », *Canadian Book Review Annual* (1979), p. 103.

RENAUD, André, « *Les Grandes Marées* », *Voix et images*, V, 1 (automne 1979), p. 193-195.

RICARD, François, « Jacques Poulin : de la douceur à la mort », *Liberté*, 16, 95-96 (septembre-octobre 1974), p. 97-105.

RICARD, François, « Jacques Poulin: Charlie Brown dans la bible », *Liberté*, 20, 117 (mai-juin 1978), p. 85-88.

ROBIDOUX, Réjean, « Romans, récits, nouvelles, contes », *University of Toronto Quarterly*, XL, 4 (été 1971), p. 424-425.

ROUX, Paul, « *Jimmy*, un grand roman sur l'enfance », *Le Soleil* (15 mars 1969), p. 32.

ROY, Michèle, « Jacques Poulin », *Pantoute*, 3 (septembre-octobre 1980), p. 24.

ROYER, Jean, « Jacques Poulin, romancier artisan », *Le Devoir* (29 avril 1978), p. 33.

ROYER, Jean, « Jacques Poulin. Romancier de la tendresse », *Le Devoir* (25 novembre 1989), p. D-11.

RUDEL-TESSIER, Danièle, « *Volkswagen blues* », *Châtelaine*, 25, 9 (septembre 1984), p. 42.

SAINT-ONGE, Paule, « Place au roman », *Châtelaine*, VIII, 9 (septembre 1967), p. 28.

SAINT-ONGE, Paule, « Des voix qu'on aime entendre », *Châtelaine*, 10, 5 (mai 1969), p. 42.

SAINT-ONGE, Paule, « Explorer l'enfance toute proche ou les pays lointains », *Châtelaine*, XII, 4 (avril 1971), p. 26.

SÉVIGNY, Marc, « Cinéma québécois: les écrivains à la rescousse », *Nuit blanche*, 10 (automne 1983), p. 48-51.

SOULIÉ, Jean-Paul, « Jacques Poulin après *Volkswagen blues* : d'abord vivre une histoire d'amour », *La Presse* (7 juillet 1984), p. B-3.

SPETTIGUE, D. O., « *Spring Tides* », *Queen's Quarterly*, 94, 2, 1987 (été), 366-375.

TASCHEREAU, Yves, « *Volkswagen blues* », *Le Livre d'ici*, 9, 9, 1984 (mai), 23.

THOMAS, Yves, « La part des labels et des marchandises dans *Les Grandes Marées* », *Voix et images*, XV, 1 (automne 1989), p. 43-50.

TREMBLAY, Régis, « Déshabiller la phrase de ses adjectifs », *Le Soleil* (7 juillet 1984), p. D-2.

TREMBLAY, Robert, « Jacques Poulin devant le dur métier d'écrire », *Le Soleil* (2 novembre 1974), p. D-6.

URBAS, Jeannette, « A Teddy Bear's Tale », *The Canadian Forum*, LXVI, 765 (janvier 1987), p. 39-40.

URQUHART, John, « Comic Strips », *Canadian Literature* (printemps 1988), p. 129-131.

VACHON, André-G., « Le roman — une littérature qui se louisianise ? », *Études françaises*, VII, 1 (novembre 1971), p. 411-424.

VALIQUETTE, Bernard, « *Mon cheval pour un royaume* », *Échos-Vedettes* (19 août 1967), p. 21.

VASSEUR, François, ROY, Michelle, « Voyage à travers l'Amérique », *Nuit blanche*, 14 (juin-juillet-août 1984), p. 50-52.

VOISARD, Anne-Marie, « *Le Vieux Chagrin* de Jacques Poulin. Petite merveille de tendresse », *Le Soleil* (25 novembre 1989), p. F-12.

VOISARD, Anne-Marie, « Même si vous n'aimez pas les chats, vous aimerez *La Tournée d'automne* », *Le Soleil* (6 décembre 1995), p. B-63.

WEISS, Jonathan M., « Une lecture américaine de *Volkswagen blues* », *Études françaises*, 21, 3 (hiver 1985-1986), p. 88-96.

WILLIAMSON, David, « Gentle Fable of a Lost Eden », *Winnipeg Free Press* (9 août 1986), p. 50.

WILLIAMSON, David, « Quebec Noveliste Offers Lesson in Joyous, Gentle Writing », *Winnipeg Free Press* (30 avril 1988), p. 7-A.

3. Ouvrages généraux

ANGENOT, Marc, *Glossaire pratique de la critique contemporaine*, Montréal, Hurtubise HMH, 1979, 223 p.

BERTRAND, Denis, *L'Espace et le sens.* Germinal *d'Émile Zola*, Paris / Amsterdam, Hadès / Benjamin, 1985, 213 p.

BOURNEUF, Roland, «Un procédé narratif : les récit alternés », *Revue canadienne de littérature comparée*, 2, 2 (printemps 1975), p. 130-138.

DUBOIS, Claude-Gilbert, « Élements pour une géométrie des non-lieux », *Romantisme*, 1-2, 1971, p. 187-199.

ELIADE, Mircea, *Méphistophélès et l'androgyne*, cité dans CHEVALIER, Jean et GHEERBRANT, Alain, *Dictionnaire des symboles*, Paris, Robert Laffont/Jupiter, 1982, 1060 p.

FORSTER, E. M., *Aspects du roman*, Paris, Christian Bourgois, 1993, 213 p.

GENETTE, Gérard, *Palimpsestes*, Paris, Seuil, 1982, 472 p.

LOTMAN, Iouri, *La Structure du texte artistique*, Paris, Gallimard, 1973, 415 p.

LOTMAN, Iouri, « On the Metalanguage of a Typological Description of Culture », *Semiotica*, 14, p. 102. Cité dans BOKLUN, Karen M., « On the Spatial Characteristics of Courtly Romance », dans *Semiotics and Dialectics. Ideology and the Text*, Peter V. Zima editor, Amsterdam, John Benjamin B.V., 1981, 573 p.

PLATON, *La République*, Paris, Garnier=Flammarion, 1966, 510 p.

SHAKESPEARE, William, *Richard III*, Paris, Garnier=Flammarion, 1964, 375 p.

SOCKEN, Paul G., *The Myth of the Lost Paradise*, Londres et Toronto, Associated University Presses, 1993, 126 p.

∞

Le papier utilisé pour cette publication satisfait aux exigences minimales contenues dans la norme American National Standard for Information Sciences – Permanence of Paper for Printed Library Materials, ANSI Z39.48-1992.

Achevé d'imprimer en novembre 1997 chez

VEILLEUX
IMPRESSION À DEMANDE INC.

à Boucherville, Québec